Tras Las Huellas De Tu Paso

FRANCES MORALES

WestBow
PRESS

A DIVISION OF THOMAS NELSON

Se puede hacer pedidos de libros de WestBow Press de contactar a los vendedores de libros o de contactar a:

WestBow Press
A Division of Thomas Nelson
1663 Liberty Drive
Bloomington, IN 47403
www.westbowpress.com
1-(866) 928-1240

Algunas imágenes de archivo ©Thinkstock.

ISBN: 978-1-4497-1074-3 (e)
ISBN: 978-1-4497-1075-0 (sc)

Numero de la Libreria del Congreso: 2010943389

Imprimido en Estados Unidos

WestBow Press rev. date: 2/21/2011

Dedicatoria

A mi esposo Danny …

¡Siervo de Dios, fiel y obediente a su llamado!

He seguido tus huellas a lo largo de tus cuarenta años en el ministerio, soy testigo de tu amor y fidelidad al Señor y tu amor y pasión por las almas. Esa pasión que me ha inspirado durante todos estos años.

Danny, has sido un ministro ejemplar, un esposo fiel y amoroso, un padre al que mis hijos respetan y honran. Has sido la fuente de alegría en nuestra familia; tu buen humor ha llenado nuestros corazones de risa. Cada chiste o anécdota ha sido para nosotros especial; nadie puede contarlos con tu gracia. Gracias por todos estos años en que nos has bendecido con tu interminable alegría.

En los largos años de tu pastorado, Dios te ha dado hijos espirituales en diferentes países, los cuales te aman y admiran.

Te dedico este librito de memorias con todo mi amor, yo sé que nunca has buscado fama, gloria, ni reconocimientos, esa humildad ha sido una de tus hermosas cualidades.

Estas memorias son para que tanto tú, nuestros hijos, nietos, familia, amigos y hermanos en la fe, glorifiquen el nombre del Dios que nos llamó y ha sido fiel siempre.

Es mi oración que con la lectura de este libro, muchos se animen a seguir tus huellas y abracen el llamado de Dios, así como tú lo has hecho.

Con amor, tu esposa y compañera en el ministerio,

Frances

Agradecimientos

Gracias a:

- Dios por el honor y privilegio que me ha dado de escribir este librito.

- Danny por su fiel testimonio y servicio a Dios

- Mis hijos que me han animado a escribir.

- El Dr. Juan Romero por su amor, amistad y escribir el prólogo de este libro.

- Todos los que me han dicho «escribe, queremos ser bendecidos».

- Los que han leído y corregido el manuscrito.

- Todos los que compartieron sus testimonios.

- Mi hermano Julio Kuilan por editar el manuscrito

Contenido

Introducción

Hace casi cuatro años comencé a escribir este librito, recopilando la trayectoria ministerial de mi esposo por cuarenta años. Primero, con el propósito de reconocer que Dios es el que lo guió a hacer proezas que no estaban en sus planes, la Gloria es del Señor. He querido plasmar en sus páginas un mensaje para todos aquellos que han sido llamados a servir en el pastorado, el campo misionero y diferentes ministerios en medio de la congregación. El mensaje es sencillo, verdadero y de vivencia propia: «Dios respalda al que llama a Su servicio».

Durante la lectura de cada capítulo el lector encontrará testimonios que hablan de la grandeza de nuestro Dios. Es mi deseo y oración que su vida sea impactada, de tal manera, que si necesita fe para comenzar a trabajar, su fe aumente al ver cómo Dios respaldó a un joven que obedeció. Si está trabajando en la viña del Señor y necesita ánimo, lo reciba en este momento y continúe laborando. No está solo, en el mundo hay muchos siervos de Dios, que valientemente siguen proclamando que Cristo murió para rescatar al hombre.

Si Dios lo llamó hace mucho tiempo y no se atrevió a abrazar ese llamado, hoy mismo doble sus rodillas y diga al Señor: «Heme aquí, envíame a mí, así como enviaste al hermano Danny». Tal vez lo llamó a ser pastor, evangelista, servir en el campo misionero, cantar, evangelizar, ministrar en la radio, predicar, enseñar, dirigir, limpiar el templo, ayudar y colaborar; cualquiera que sea la labor que le haya sido encomendada, anímese y sirva al Señor, mientras el día dura. Es hora de trabajar para nuestro Dios. Amén.

Dice Su Palabra en 1 Pedro 4:11 – 12 — «Cada uno según el don que ha recibido, minístrelo a otros, como buenos administradores de la multiforme gracia de Dios. Si alguno habla, hable conforme a las palabras de Dios; si alguno ministra, ministre conforme al poder que Dios da, para que en todo sea Dios glorificado por Jesucristo, a quien pertenecen la gloria y el imperio por los siglos de los siglos. Amén».

Frances

Prólogo

Quienquiera que se refiera al Pastor Daniel Morales tendrá que admitir que es el epítome de la fe en acción. Desde el punto de vista humano es un hombre optimista y en su rostro siempre encontrará una sonrisa que sabe compartir con todos. Siempre está dispuesto a comunicar su buen humor y, sin embargo, eso no le impide profundizar en las Santas Escrituras para dar el consejo oportuno cuando llega la ocasión.

Su programa radial «Cántaros de Bendición», en el que he tenido la bendición de participar, es un elocuente exponente de lo que acabo de mencionar, porque consiste en la aplicación de la Palabra de Dios a las necesidades cotidianas de sus radioyentes. Usted tiene en sus manos el trabajo literario: «Tras las huellas de tu paso» en el que se plasma el carácter y testimonio del Pastor Morales, através de la pluma de su esposa Frances. Es una obra tan refrescante que cuando uno la lee, siente que está hablando directamente con él y la influencia de este hombre de Dios lo afecta benéficamente.

Cada capítulo contiene experiencias que cuando las deguste espiritualmente, tendrá deseos de relacionarse mejor con el Dios de amor a quien el Pastor Morales sirve. El propósito primordial del libro es estimular a todo aquel que considera ejercer el ministerio; para que confíe en el Dios a quien el hermano Daniel ha servido, ya que Dios siempre proveyó oportunamente a todas sus necesidades. Es un testimonio vivo de que Dios siempre nos da el talento, la oportunidad, las finanzas y, sobre todo, la unción para servirle efectivamente.

He confraternizado con el Pastor Morales, por no pocos años, y nunca he visto en él sombra de variación. Lo digo para avaluar el libro «Tras las huellas de tu paso» y para recomendarlo a quienquiera adquirirlo, sin olvidar que el Pastor Morales es un hombre que en tiempos de emergencia, como desastres naturales en diferentes países, siempre está dispuesto a tender su mano de ayuda, sirviendo de puente entre la necesidad de los abatidos y de aquellos que están dispuestos a respaldar su ministerio. Constantemente está haciendo viajes a diferentes países de América Latina y lugares en los Estados Unidos para predicar a los jóvenes, ofrecer retiros matrimoniales y seminarios de adiestramiento a pastores de todas las denominaciones, proveyéndoles conferencias, consejería, literatura y otros instrumentos de servicio para facilitar y estimular el ejercicio de su ministerio.

Creo que al percibir la semblanza que he tratado de proyectar de mi estimadísimo consiervo, usted apreciará más la obra literaria que tiene en sus manos. Eventualmente, me agradecerá mucho que se lo haya recomendado. Para usted, mi estimadísimo hermano Morales, mis sinceras felicitaciones. Ya lo veré en la cocina de CVC LA VOZ para reír o llorar, según sea la ocasión.

Sinceramente,

Dr. Juan Romero

* El libro que Ud. tiene en sus manos lo escribió Frances Morales, esposa de mi estímadísimo hermano y amigo Danny Morales. Como el tema de prioridad es el ministerio y la trayectoria de servicio de su esposo, me ha parecido apropiado centrar el contenido del prólogo en torno a mi amigo Danny.

Capítulo 1 – Un llamado ...

En diciembre de 1968, mientras un grupo de jóvenes oraba en la Universidad de Puerto Rico, Dios comenzó a llamarlos para ir al campo misionero en diferentes países.

En ese tiempo Danny recibió su llamado: «Danny, te necesito en Honduras» y, en otra ocasión, le dijo: «no terminarás tus estudios, irás por muchos estados». Este llamado cambió su vida completamente, estaba en su segundo año en la Universidad Católica de Bayamón. Sus planes eran terminar su carrera de contador público, comprarse un bote y una casa y formar una familia conmigo.

Pero, Dios tenía otros planes y habló a su corazón en tal manera, que él puso todo a un lado y creyó plenamente que Dios lo llamaba a su servicio. Abrazó su llamado, no sin antes ser criticado y recibir comentarios que le dolían. Fue muy triste para él ver que algunas personas no creían en su llamado, pero nada de esto lo desanimó y decidió servir al Señor.

Judith Román de Santos, quien en ese tiempo era nuestra maestra de español, nos enseñó la Palabra en un estudio bíblico un día a la semana, después de las clases. Al escuchar que Dios llamó a Danny, le preguntó a Dios en oración: ¿Por qué llamas a Danny, tú sabes que él es un bebé espiritual?» Dios le contestó: «He llamado a muchos que fueron a institutos bíblicos, pero no han aceptado el llamado y están sentados en sus iglesias, sé que Danny va a obedecer».

Así, siguieron las preguntas: «Pero … Señor, si apenas son una manada pequeña de estudiantes, ¿cómo se van a sostener estos misioneros?» «Los familiares ayudarán», fue la respuesta inmediata. « ¿Por qué Danny, si él es el único hijo de doña Genoveva?» La respuesta no se hizo esperar: «¿Y acaso no entregué Yo a mi único hijo?» Hubo silencio y no se preguntó más a Dios. No cabía duda, el Señor llamó a Danny y éste tendría Su respaldo. Ella apoyó a estos primeros misioneros del grupo de las Clases Bíblicas, como llamábamos a nuestras reuniones semanales.

En los pocos meses que faltaban, Danny comenzó a prepararse en ayuno, oración y el estudio de la Palabra. Con la ayuda de aquella «pequeña manada de estudiantes», los cuales ofrendaban y diezmaban del dinero de sus meriendas y almuerzos, se compraron los pasajes para él y dos jóvenes más.

El pequeño grupo estaba tan emocionado como Danny, vendieron postales, bizcochos para el día de las madres y hasta se ofrecieron a pintar los contenedores de la basura por el vecindario. Se hizo contacto con el Reverendo Luis Rivera (misionero de la Iglesia Cristo Misionera en Honduras), para que los recibiera y se dispuso la salida para el 12 de julio de 1970, como Dios les había indicado.

Capítulo 2 – ¡Yo iré!

«¿Quién irá?» Isaías 6:8

Y Danny respondió: «Yo iré».

Dejó la tierra del Coquí en la bella isla de Puerto Rico, el 12 de julio de 1970, en el vuelo 456 de *Pan American* a la 1:30 de la tarde. Iba con apenas 19 años, su Biblia en mano y un pasaje solamente de ida hacia la República de Honduras. Llevaba el corazón lleno de pasión por las almas, dejando atrás a su amada familia y a su novia.

Lo acompañaron dos jóvenes misioneros, Judith Santiago y Gabriel Álvarez. Danny iba muy alegre con su traje al último grito de la moda, color tornasol. Ese día hicieron escala en Miami y, al día siguiente, llegaron a la ciudad de San Pedro Sula, donde les esperaba el misionero Luis Rivera para llevarlos a Siguatepeque[1].

---

1   Ciudad en el centro de Honduras

El paisaje del fértil y verde Valle del Sula los fue envolviendo en una nostalgia por su amada islita … pero el gozo de obedecer a su llamado misionero llenaba sus corazones y comenzaron a admirar las altas montañas hondureñas.

El pavimento se terminó y tuvieron que seguir su travesía por un camino lleno de piedras y hoyos. Así comenzó la «aventura», que cambió sus vidas para siempre. Con cada brinco la cabeza de los nuevos misioneros daba contra el techo improvisado en la paila de la pequeña camioneta y subía al cielo una alabanza de los nuevos misioneros. La temperatura veraniega era muy alta y la camioneta levantaba grandes nubes de polvo que cubrieron a los emocionados pasajeros.

Nada hizo que los recién llegados dejaran de hablar, reír y cantar por el camino. Tras muchas horas de viaje, llegaron cerca a las 12 de la noche, llenos de polvo, cansados, hambrientos y sedientos. No hubo cena, sino una taza de café negro y un pedazo de pan (Danny no tomaba café), así, con un poco de hambre y su traje blanqueado por el polvo, que ya no era tornasol, pasó su primera noche misionera muy feliz. ¡Estaba en Honduras!

Además de la cálida bienvenida del Rev. Luis Rivera y su familia, los muchachos recibieron una bienvenida especial de la naturaleza. En la mañana, una densa neblina cubría la ciudad de Siguatepeque, en lo alto de la meseta.

Salieron los primeros rayos del sol y unas aves muy grandes se posaron en el patio de la casa con sus alas abiertas … eran los zopilotes[2]. Danny nunca había visto semejante ave tan grande y llamó a sus compañeros alarmado. Salieron a ver y asustados entraron a la casa rápidamente, creyendo que los pájaros les iban a atacar. ¡Eran los zopilotes, que estaban tomando un baño de sol!

En la noche, mientras caminaban hacia la iglesia, los acompañaba el lúgubre canto de los enormes sapos, quienes en medio de la oscuridad parecían seres fantasmales gimiendo, pero nada los detuvo y siguieron caminando. Los nuevos misioneros, disimulando el susto, llegaron muy gozosos a la iglesia.

El primer sábado después de su llegada, Danny tuvo el privilegio de ser escogido como el predicador de la Convención de Jóvenes. Desde el primer momento en que supo que iba a predicar, ayunó, estaba tan nervioso que se le quitó el apetito al pensar que tenía que predicar. Ese sábado predicó su sermón sobre el tema «sólo de oídas te había oído, más hoy mis ojos te ven». Predicó apenas unos quince minutos y cuando hizo el llamado al altar, para su asombro, pasaron todos los jóvenes, unos se reconciliaron con el Señor y otros entregaron sus vidas a Cristo. Mientras los muchachos pasaban al altar, Danny cayó de rodillas, impactado al ver lo que estaba ocurriendo en aquella iglesia. Dios tocó los corazones de aquellos

---

2   ave de rapiña

jóvenes y, a la misma vez, le confirmaba a Danny que Él lo había llamado y lo respaldaría siempre.

Rápidamente Danny, con su carácter jovial, fue ganando amigos. Muchas vidas se pusieron a los pies del Señor al oír el mensaje del evangelio, por medio de sus predicaciones en Siguatepeque. Fue allí, donde lo llamaban «el predicador que ladra», pues al salir de un culto una joven le decía a otra: «¡qué lástima, tan lindo que predica, pero ladra!» La chica había llegado a esa conclusión, después de oirle a Danny decir la palabra en inglés «¡*wow, wow*!» cada vez que terminaba una frase emocionante.

La hospitalidad de los hondureños fue cambiando los gustos de Danny, quien aprendió a disfrutar una taza de café, las tortillas, los frijoles y otras comidas muy diferentes a su acostumbrado arroz y habichuelas y chuletas fritas de Puerto Rico. Aunque estaba en un país donde se hablaba español, tuvo que aprender los modismos de la región, comenzó a llamar a los niños «cipotes»; a la calabaza «ayote»; al chayote «pataste»; a usar «ahorita» en lugar de ahora, por mencionar algunas. También quitó algunas palabras de su vocabulario, las cuáles no se podían decir, porque en Honduras tenían una connotación mala.

Sus primeros pasos como evangelista ...

Su primera campaña evangelista fue en Taulabé[3], donde predicó durante una semana. Nunca olvida su menú diario:

---

3   Aldea cerca del lago de Yojoa

¡frijoles (habichuelas rojas pequeñas), huevos y tortillas de maíz, en la mañana; al mediodía, tortillas, huevos y frijoles; y, en la tarde, huevos, tortillas y frijoles!

Después de una semana bajo su nueva dieta y usando el «inodoro natural», (ya que tenía que ir a un cafetal, porque no habían servicios sanitarios), Danny regresó muy gozoso, glorificando a Dios, porque algunas personas recibieron a Cristo como su Salvador.

A los pocos meses, fue enviado a la ciudad de Comayagua por un mes, donde vivía en una casita hecha de barro y dormía en el piso. Hizo algún trabajo de evangelismo, pero fue muy corta su estadía en la ciudad colonial. Al indicársele que debía ir a una gran ciudad, no tenía idea de cuándo volvería, pero sabía que Dios iba a tener el «terreno» listo para la siembra.

Memorias de San Pedro Sula …

Fue enviado a la ciudad de San Pedro Sula[4] a establecer una iglesia para la misión Cristo Misionera. Estaba solo, en una ciudad desconocida y donde no conocía a nadie. Comenzó su labor en un cuartito que se alquiló, cerca de las cantinas de la última calle del barrio Cabañas.

Allí, tenía que doblar su catre de lona, colocarlo detrás de la puerta y mover dos bancos para dormir. Lo acompañaban su guitarra y su Biblia. Muchas veces se sintió tan solo que

---

4   Ciudad al norte de Honduras

lloraba sobre el plato de comida. Como provenía de una familia muy alegre, expresiva y amorosa le fue muy duro tener que acostumbrarse a vivir solo. Muy pronto aprendió a planchar, cocinar y hacer todo en su nuevo «hogar».

Dios contestó sus oraciones y, poco a poco, comenzaron a llegar unas pocas personas, por curiosidad al principio, pero quienes luego se quedaron en la iglesia al recibir la enseñanza de la Palabra. Un día entró un hombre y caminó hacia el altar donde Danny predicaba, el novato predicador lo miró preocupado y pensó: «¿Dios mío, qué me va hacer este hombre?» Al instante, el hombre colocó un cuchillo en su mano y le dijo: «Tenga este cuchillo, Pastor … iba a matar a mi esposa y mis hijos, pero cuando pasé por aquí, lo escuché predicar y quiero que ore por mí». Ese día Dios salvó a una familia y el hombre regresó a la iglesia con su esposa y sus hijos.

Así, este joven misionero estableció el fundamento para la Iglesia Cristo Misionera de la Ciudad de San Pedro Sula, hasta que Dios le indicó que volviera a Comayagua y comenzara su propio ministerio.

Acostumbraba caminar con su Biblia en la mano por las calles, un día estando parado en una esquina en el centro de la ciudad, el Rev. Gregorio Romero, pastor de la Primera Iglesia Evangélica y Reformada de San Pedro Sula se le acercó y lo invitó a una actividad de su Iglesia. Ese fue el comienzo de una bella amistad con este ilustre pastor y predicador hondureño, el cual respaldó el ministerio del joven misionero. Vivieron experiencias preciosas al compartir la palabra y el amor de Dios.

Clama a Mí y yo te responderé ...

Era un día muy alegre, de los que los misioneros llamamos de «vacas gordas». Danny estaba muy emocionado, ya que iba a freír unas chuletas y se apresuró a prepararlas para ponerlas en el sartén. Prendió la pequeña estufa y ante sus ojos asombrados vio apagarse lentamente la pequeña llama que se extinguía por la falta de gas. «No puede ser Dios mío, hoy no, otro día se puede acabar el gas, pero hoy no», clamaba en su interior.

Comenzó a mover el «tambo» de gas hacia todos los lados, volvió a intentar prender la estufa ... pero no aparecía la ansiada llama. En esos momentos se veía comiendo pan con agua. Entonces clamó a Dios y le pidió un milagro: «Señor, tengo hambre, no tengo gas, necesito un milagro». Y Dios oyó, al rato lo intentó de nuevo y la estufa se encendió rápidamente cuando colocó el fósforo. Esas chuletas le supieron deliciosas y, para la Gloria del Señor, el gas duró un mes exacto. ¡Aleluya!

Un gigante contra David ...

Una tarde, frente a la iglesia en el barrio Cabañas, un hombre grandísimo insultó a Danny. Los vecinos les rodearon, de momento el hombre se le acercó y el «valiente misionero» cerró los ojos, levantó su mano al cielo en oración, esperando que el «gigante» lo hiciera pedacitos. Lo que hizo fue absurdo, cerrar los ojos Pero el ángel del Señor lo protegió. Para su asombro no sintió ningún golpe en su cuerpo, sino que oyó a los vecinos decir: «lo mató».

Entonces escuchó un ruido, cuando abrió los ojos, vió al hombre que había caído al suelo, como si un boxeador lo hubiera noqueado. ¿Cómo lo hizo Dios? Danny no lo sabía, de momento pensó que esto iba a salir en la primera plana del periódico del día siguiente: «Misionero puertorriqueño mata a hondureño». Inmediatamente, estando aún muy asustado, se acercó al hombre y empezó a orar para que Dios lo levantara. Al rato, el hombre se levantó y se fue calle abajo. ¡Desde ese día en adelante, nadie en el barrio se metía con el misionero, porque Dios guardó a su siervo!

Encuentro con un Guerrillero

Una noche, Danny fue a dar un estudio bíblico en un hogar de San Pedro Sula. Dio la enseñanza de la mujer samaritana y de repente, un joven que se había sentado en la parte de atrás cayó llorando al suelo. Danny se acercó, oró por el muchacho y éste aceptó al Señor. El muchacho testificó, que esa noche venía huyendo de Guatemala y su prima lo había llevado al estudio bíblico.

Cuando entró y vio a Danny, que en ese entonces pesaba 128 libras, se dijo para sí. «Y qué me puede enseñar este muchachito a mí, yo que soy un guerrillero, hombre de armas y lucha». Con mucha emoción testificó que mientras Danny predicaba, su pensamiento fue interrumpido cuando vio a Jesús parado detrás de Danny y, en ese instante, cayó al suelo impactado. Después de aceptar a Cristo, su vida cambió tanto, que puso a un lado su rifle, tomó una Biblia y abrazó el ministerio.[5]

La Gloria de Obedecer ...

Una vez mi hija Rebecca me dijo: «mami, ¿dónde estarían hoy todas las vidas que ustedes se han ganado para Cristo, si tú y papi no hubieran obedecido al Señor, cuando los llamó?»

Le respondí: «hija si hubiéramos rechazado nuestro llamado, sé que Dios hubiera buscado a otras personas dispuestas a trabajar, para que el mensaje de salvación llegara a Honduras y otros lugares».

Ha sido un honor y privilegio para nosotros que el Señor de la viña nos llamara a trabajar, por lo que aceptamos nuestro llamado con mucho gozo. Nunca nos hemos arrepentido de haber abrazado tan hermoso llamado, estamos felices porque Dios quien siempre ha sido fiel y nunca nos ha fallado. Bien dijo el salmista: «El hacer tu voluntad, me ha agradado». (Salmos 40:8)

Hay una gloria de obedecer. Esta gloria no es es la gloria humana de vanidad y orgullo, de aplausos, fama y premios

---

5   Véase testimonio del guerrillero en el Apéndice 1

por lo que se ha hecho. La gloria de obedecer es el deleite que se siente cuando se hace la labor que Dios nos ha encomendado. Es sentir ese gozo inefable llenando el corazón del siervo que obedece.

Danny, he visto en ti la gloria de obedecer, siempre te complaces en servir, ese deleite está en tu corazón. En una ocasión estábamos en Quezaltenango, Guatemala. Nos habíamos subido al autobús para regresar a la capital. Hacía un frío muy intenso y en medio de la neblina observaste a un niñito caminando por la acera, llorando y temblando de frío, te bajaste y caminaste hacia el niño, al tenerlo cerca te quitaste tu abrigo y cubriste al pequeño. Regresaste al autobús temblando de frío, pero con mucho gozo. He visto cómo te compadeces del hambriento, del enfermo y del necesitado y haces lo que está a tu alcance para compartir con ellos el evangelio y suplir la necesidad.

Hemos servido al Dios que nos llamó, somos siervos y toda la Gloria es para Dios. Creo firmemente que para Danny y cada misionero que obedeció al llamado para ir a Honduras, el himno «La Gloria de Obeceder», escrito por el Pastor y Misionero Ramón Nieves[6], es un cuadro musical de la bendición que recibimos al obedecer el llamado de Dios.

La gloria de obedecer a Dios es tan preciosa, que quiero invitar al lector a obedecer su llamado. Tal vez han pasado

---

6   El Misionero Ramón Nieves trabajó con nosotros en Honduras por muchos años y nos autorizó a compartir este himno.

muchos años desde que Dios lo llamó a usted a trabajar en su viña, nunca es tarde, siempre hace falta obreros. Haga lo que Dios le haya encomendado. ¡Permita a Dios usar su vida y disfrute la gloria de obedecer! Amén. (Véase Apéndice 2, Himno-La Gloria de Obedecer).

Capítulo 3 – Una Familia

«Son nuestros sueños divinos, pero más divino será realizarlos, por eso te pido amor mío, que jamás dejemos de amarnos.» - Danny me escribió estos versos cuando éramos novios.

Con ellos me dijo adiós en 1970, al salir para Honduras. Durante todo el año mantuvimos la llama de nuestro amor encendida por medio de cartas, ya que no había correo eléctronico y llamar era algo muy costoso. Al año siguiente, llegué a Siguatepeque a trabajar con los misioneros Luis Rivera y su amada esposa Marcelina. En ese bello pueblo, contraímos nupcias el 5 de septiembre de 1971. No puedo olvidar que Danny con su humor característico, le decía a los compañeros misioneros: «al casarme, las muchachas hondureñas tacharon mi nombre de la lista». Nos fuimos muy felices a la ciudad de San Pedro Sula, donde Danny pastoreaba la iglesia Cristo Misionera. Allí Dios nos bendijo y disfrutamos nuestro primer año de pastorado, nuestra congregación era pequeña y muy hermosa.

Al año siguiente, en 1972, dejamos de colaborar con la Iglesia Cristo Misionera y nos mudamos a la ciudad de Comayagua[7]. Fuimos a esa ciudad, porque Dios le había indicado a Danny que lo quería predicando allí. Con mucho ánimo comenzamos a trabajar fundando nuestra propia misión, junto a los misioneros Rubén Nieves, Judith Santiago y Gabriel Alvarez. Llamamos a la misión Avance Misionero en Honduras y se hicieron todos los trámites para incorporar la misión al gobierno.

Recuerdo que estando embarazada de mi primer bebé, no teníamos una mesa para comer, sillas, ni muebles de sala. Me sentaba a comer en el piso, en un escaloncito en la cocina. Un día Danny me sorprendió, llegó con unas tablas, clavos, un martillo y una silla, que un vecino le prestó. Para mi asombro mi amado esposo se convirtió en carpintero y comenzó a hacer una mesa, para que yo no comiera más sentada en el piso.

Viajamos a Puerto Rico y el 20 de junio de 1972, Dios nos bendijo con una bella hija, a la que llamamos Rebecca. La primogénita de la familia, quien milagrosamente sobrevivió, pues nació prematura y pesó cuatro y media libras. En medio de la alegría y la emoción de ser padres, los doctores nos dijeron que nos preparáramos para lo peor, porque ellos creían que la niña no iba a sobrevivir. En un instante, la alegría se esfumó y se convirtió en tristeza e incertidumbre. Danny me consoló con todo su amor y en la noche tomados de la mano, entre lágrimas

---

7   Ciudad colonial en el centro de Honduras

y sollozos, clamamos a Dios por nuestra bebé. Ambos recordamos que, meses antes, Dios nos había dado un mensaje: «bienaventurado es el fruto del vientre de Frances». Llenos de fe, pusimos a Rebecca en las manos del Señor y a los 15 días nuestra hija fue dada de alta del hospital. Hoy la muñeca grande, como cariñosamente la llamamos, está casada con Michael Moore, ambos han procreado dos hermosos niños, Victoria Jean Moore y David Michael Lawrence Moore. Actualmente viven en Cleveland, Georgia.

El 18 de agosto de 1973, Dios añadió a nuestra familia otra niña muy hermosa y especial, Frances Beatriz. Para esa fecha habíamos regresado de Puerto Rico a Comayagua. Mi Puchi como cariñosamente la llamo, está casada con Brian Mc Queary, viven en Louisville, Kentucky, con sus hermosos niños Alexander Scott, Breyton Rey y Cameron. Su otro hijo, Tyler Enrique quien era gemelo con Breyton, fue a morar con el Señor, siendo un bebé.

Escribí estos versos para mis amadas Becky y Frances B., cuando las invité a que dejaran a Jesús entrar a sus tiernos corazoncitos.

> Hay dos estrellitas ,
> que ya dan su esplendor,
> porque en su corazón …
> vive el Redentor.
>
> Mis dos estrellitas tienen

> Dentro de sí,
> Tu amor y tu gracia,
> Que un día les diste,
> Gracias, Señor.

Mis dos misioneritas crecieron rodeadas no sólo de nuestro amor, sino también de los hermanos hondureños y los misioneros que habían llegado de Puerto Rico. Jugaban con sus «tíos» Rubén Nieves, Ramón Nieves, Gabriel Alvarez y sus «tías» Judith Santiago, Felícita Pérez, Ana M. Hernández, Lucy Nieves, Gladys Perez, Nelly Westerband y Milagros Chervoni. Todos ellos las cuidaron y mimaron.

Cuatro años después, Dios nos bendijo con otro bebé. «Tal vez nos viene el varón», decíamos con mucha emoción. Al saber la noticia de mi embarazo, algunos hermanos de la congregación de Comayagua, querían tanto a su pastor Danny que oraron para que Dios le concediera el varón. Y Dios contestó el 5 de junio de 1976, nació en Comayagua, nuestro hermoso y anhelado varón, al que llamamos David Daniel. Alguien colocó un letrero frente a la iglesia que leía, «Danny tuvo un varón», así todos celebraron la llegada de David Daniel.

Era tanta la felicidad que me embargaba, que le escribí a David Daniel los siguientes versos:

> Maravilla del cielo,
> es sentir en el seno,
> el latir de un pequeñuelo,

que a Ti te pedí, oh, Dios.

Llegó David Daniel,
tan especial pequeñuelo,
quisiera gritar por doquier,
que mi Dios es fiel.
Oíste mi oración,
Gracias, Señor.

Pero, nuestra alegría fue tan efímera … a los cinco meses, David Daniel fue llamado al hogar celestial. (Veáse el Capítulo - Enfrentando la muerte)

Al pasar dos años de la muerte de David Daniel, pedimos al Señor otro niño. Él nos oyó, contestó nuestra oración y el 4 de abril de 1978 nació Daniel Isaías, en la ciudad de Comayagua. Era un hermoso bebé, mi príncipe, como lo llamaba cuando era pequeño. La «Casa Misionera», como llamaban la casa donde residían los misioneros, se llenó nuevamente de alborozo y alegría; todos los días venían los hermanos con muchos regalos y felicitaciones. Danielito llenó de alegría nuestro hogar.

Le escribí estos versos a Daniel Isaías:

Hijo pedido al Señor,
Trajiste un mensaje del cielo,
Para consolar nuestros corazones.
Eres especial, un varón muy esperado.
Un hijo amado y deseado.

Eres la respuesta de Dios,
Como Ana dedicó a Samuel,
Te consagro para Dios.
Sé fiel a Dios, Daniel,
Quien te escogió para Él.

Actualmente, Danny vive en Alabama con su esposa Nicole y su bella niña Sofía Nicole. Nuestro hijo es policía y predica en varias iglesias.

A finales del 1978, nos fuimos a Puerto Rico, donde pasamos dos años estudiando la Palabra y compartiendo con la mamá de Danny, pues ella enfermó gravemente con cáncer del seno. Damos gracias a Dios, porque en medio de su prueba, doña Genoveva lo conoció y se preparó para encontrarse un día con Él.

Estando allí, Dios bendijo nuestras vidas una vez más y el 24 de febrero de 1980, nació otra hermosa niña, a la que llamamos Liza Raquel. Ella vino a llenar nuestro hogar de amor y ternura. La llamo mi bebé, por ser la pequeña. Ella vive en Indiana, con su esposo Jason Popour y su niña Natalia Isabella. También le escribí un poema a Liza:

Eres mi pedacito de cielo,
Un regalo de Dios,
Para llenar mi vida con tu amor.
Eres dulce y amorosa,
A quien miras, bendices con tu amor.
Cada sonrisa, cada palabra nos envuelve
Con tu amor. Gracias, Liza por tu amor.

Capítulo 4 – Enfrentando la Muerte

Para enfrentar la muerte uno se quisiera preparar, pero la muerte llega sin avisarnos. En el momento más inesperado nos llega la noticia de que un ser amado, un amigo o conocido acaba de morir. Cuando esto ocurre muchas veces nos sorprende, nos asombra y, muy a menudo, nos hace pensar en que un día podemos ser nosotros los que estemos muertos.

Cuando nuestra mente recibe el pensamiento: «voy a morir a un día», nos estremecemos hasta los más profundo de nuestro ser. Inmediatamente sacamos el pensamiento diciendo: «yo estoy muy joven para morir ... no debo pensar en eso». Pasa el tiempo de luto por el ser querido y no vuelve a rondar por nuestra mente el pensamiento de la muerte, hasta que una vez más la muerte toca a la puerta de nuestra casa.

Como creyentes, nos preparamos para enfrentar la muerte con nuestra fe. Jesús dijo que el que creyere en Él, aunque esté muerto vivirá (San Juan 11:25). Nosotros, siendo siervos de Dios, no fuimos la excepción y tuvimos que enfrentarla y, esta vez, estando en el campo misionero.

En la Navidad de 1974, nos visitaron dos misioneros de Puerto Rico, que iban de regreso a Nicaragua. Eran los jóvenes Nelson Cordero y Moisés Avilés. El 31 de diciembre en la tarde, un amigo nuestro los invitó a dar un paseo a un río cercano. Emocionados, aceptaron la gentil invitación, sin tener la menor idea de que uno de ellos moriría en las aguas del río Humuya de Comayagua.

El joven Moisés murió ahogado. Inmediatamente, llegó la triste noticia a la casa misionera Fuimos impactados por primera vez con el gélido toque de la muerte en nuestra puerta. Para nosotros, esos momentos fueron como si el tiempo se hubiera detenido … los misioneros no salíamos de nuestro asombro, unos lloraban, otros movían lentamente la cabeza y con incredulidad decían: «no puede ser». Como grupo misionero, nos tocó enfrentar la muerte de uno de los nuestros cuando nos preparábamos para celebrar el último día del año con un culto y una cena a la media noche. No fue fácil, la tristeza nos abrumaba y tuvimos que levantar los ojos al Dios de toda consolación. Esa noche, el culto fue de intercesión por la familia Avilés, pedíamos a Dios el consuelo para esos padres que habían enviado a su único hijo al campo misionero.

El pueblo de Comayagua se desbordó en amor y nos acompañó en nuestro dolor. Amigos, vecinos y los hermanos de la congregación venían a la casa misionera a darnos el pésame. Había que enviar el cadáver a Puerto Rico, no teníamos dinero, ni automóvil y, una vez más, Dios usó al Licenciado Carlos Yuja para facilitarnos dinero y su camioneta.

A las 12 de la noche llegó Danny a la capital con el cadáver del joven misionero, para llevarlo a la funeraria que lo trasladaría a Puerto Rico. Mientras en la capital los cohetes, luces y alboroto envolvían a la ciudad en la celebración de la despedida del año, él y sus acompañantes estaban envueltos en un manto de luto por la muerte de Moisés. Fue un momento muy difícil para Danny, quien como Director de la obra, tomó su responsabilidad y con el corazón apretado viajó a Puerto Rico para entregar a los padres del joven su cadáver.

La muerte toca a la puerta de mi corazón ...

Nuestro bebé, David Daniel se enfermó gravemente, cuando apenas tenía 5 meses y 3 semanas. Lo llevé al hospital, donde sufrió varios infartos que su pequeño corazón no pudo resistir. Al ver mi niño muriéndose, cerré mis ojos y le pedí fuerzas a Dios. Mi pequeño murió a la una de la tarde, el 26 de octubre de 1976.

Luego, llegaron mis amados compañeros misioneros, algunos hermanos y amigos, quienes me consolaron y fortalecieron con su amor. Ese día me encontraba sola, pues Danny estaba en la ciudad de San Pedro Sula[8], consolando a la hermana Pacita Zacapa porque su esposo había fallecido.

En la tarde, Danny llegó y con profundo dolor abrazó el cuerpo sin vida del pequeño David. En ese momento mi corazón se quebrantó, viendo a mi bebé muerto y a su padre llorando sobre él. En ese preciso momento de tanto dolor, Dios envió a sus siervos el Rev. Felix Montes, misionero puertorriqueño de la Iglesia Pentecostal, el Reverendo Rubén Vargas misionero puertorriqueño de la Iglesia Asambleas de Dios y otros pastores a nuestra casa, los cuales intercedieron por nosotros y nos rodearon con su amor.

Después, Danny me abrazó entre lágrimas y sollozos. Más tarde se encerró en el baño y allí pidió fuerzas a Dios. El Señor lo llenó en ese momento y Su Espíritu Santo lo consoló, luego salió a consolarme y me dijo: «esta noche vamos a dar un culto de alabanza a nuestro Dios». Nuestro compañero en el ministerio, Rev. Rubén Vargas amorosamente se encargó del culto de alabanza y adoración. Esa noche Danny le dijo a la congregación: «hermanos aquí a mi lado está mi hijo muerto y mi Dios es digno de toda alabanza, yo lo alabaré en todo tiempo, aún en este momento en que enfrento la muerte tan cerca, lo alabo».

---

8   San Pedro Sula- ciudad al norte de Comayagua (aproxima-
     damente a 3 horas de camino)

El sábado anterior Danny había levantado su mano, cuando el misionero Arquímides Rivera, predicó sobre el Salmo 34:1 y pidió que los que estaban dispuestos a alabar a Dios en todo tiempo levantaran su mano. ¡Qué rápido tuvo Danny que poner en práctica lo que prometió ante su congregación!

Y esa noche, en lugar de tener un velorio triste, tuvimos una noche de alabanza al Señor. En medio del pueblo de Dios, los vecinos, amigos, Danny y yo alabamos a Dios. Pasó algo fuera de lo común ... en lugar de nosotros ser consolados, Danny consolaba a los hermanos y yo a las hermanas, los cuales lloraban por nuestro hijo. Cada abrazo que nos daban, cada lágrima que veíamos y su amor nos llenaba de bendición para pasar esta prueba.

Me trajeron pastillas para los nervios, pero no las necesité, el Espíritu Santo estaba en control. Mi corazón estaba cubierto de algo inexplicable. ¿Cómo pudo ocurrir esto? Sólo había una respuesta, el Dios de toda consolación, nos consoló y así pudimos consolar a muchos hermanos esa noche.

Al cabo de varios días, llegó a mi casa una joven con unas golosinas de parte de mi vecina, Doña Blanquita de Henríquez. Ella me mandó a llamar porque quería hablar conmigo. Fui a su casa a tomar café y, con mucho amor y pesar, me dio el pésame por la muerte de mi hijo.

En la conversación me dijo: «Frances, yo fui la noche del velorio a su casa y me maravillé al ver que usted y

Danny eran los que consolaban a la gente, en lugar de que ellos los consolaran a ustedes. Yo los ví con tanta paz. Dígame, ¿qué es lo que ustedes tienen que yo no tengo?» «Es que tenemos a Cristo en nuestros corazones y hemos experimentado la consolación de Dios, nuestro hijo está con el Señor» - le contesté. Ella me dijo: «Yo quiero lo que ustedes tienen».

Ese día, mi querida vecina abrió su corazón para que Cristo entrara. Esto fue una confirmación de que cuando Dios se manifiesta en medio de nuestra prueba y dolor, otras vidas reciben bendición.

Después de la muerte de David, fuimos a Nicaragua por unos días y, al regresar, Danny predicó en la iglesia central de Comayagua el mensaje que leerán a continuación. Espero amado lector que sea bendecido con esta predicación.

Capítulo 5 – Conociendo al Dios de toda Consolación

Mensaje de Danny Morales (Comayagua, Honduras, noviembre 1976)

Mensaje de 2 da. de Corintios 1:3-6 [9]

El Dios de toda consolación os consolará

«Tenemos a un Dios grande que nos ha dado un espíritu de vida. Este espíritu de vida es lo que hemos recibido y, por tanto, es vida lo que nosotros poseemos en Cristo Jesús. No importa que hayan valles con huesos secos. Dios tiene el poder de volver a formar la carne, de poner los nervios, los tendones y aún tiene el poder de llamar Su espíritu para que les dé vida. Y un día, amados hermanos, en medio de esos huesos se van a levantar también los

---

9   Gracias a nuestro amado hermano Julio Kuilan por transcribir el mensaje

huesos de David, se va a formar otra vez carne y va a ser llevado al reino de los cielos.

Amados hermanos, verdaderamente, Dios nos ha consolado y el consuelo de Dios es algo maravilloso. Y, en esta noche, voy a hablarles a ustedes precisamente de eso: El Consuelo de Dios, de nuestro Dios. Yo les invito a buscar en sus biblias, la segunda epístola de Corintios capítulo uno, versículo tres en adelante.

Hace poco estaba hablando sobre estos versículos en el Instituto Bíblico y la verdad es que cuando estábamos estudiándolos, era eso tan sólo si podemos llamarlo así en teoría, pero Dios me permitió también la «práctica» de estos versículos y no solamente el estudio. La palabra de Dios adquiere un valor tan tremendo para la vida, sobretodo cuando esta palabra ha sido puesta por obra en nuestras vidas. Es cuando empezamos a mirar cosas maravillosas y podemos empezar a saborear cuán poderosa es la palabra de nuestro Dios.

Ante la muerte de mi hijo, yo le preguntaba al Señor que por qué Él había permitido que David muriera. No preguntándole por qué fue que dejó que se muriera y no hizo algo, sino, por qué permitió que él muriera. ¿Qué quería enseñarnos el Señor? ¿Qué quería que nosotros entendiéramos? ¿Cuál era el propósito por el que había permitido aquello?

Habíamos estudiado en el Libro de Job que aún cuando le pasaron todas aquellas cosas a Job, él no le atribuyó despropósito a Dios, sino que entendía que Dios tenía un propósito, aunque no entendía ¿cuál era verdaderamente el propósito de Dios? Pero, él sabía que Dios lo tenía. Y yo sé que mi Dios tiene un propósito y es el que yo quiero entender, para que entonces, como Job, quien cuando miró hacia atrás pudo decir que valió la pena todo lo que le sucedió, yo quiero también un día mirar hacia atrás y decir que valió la pena, porque entonces habré entendido el propósito de mi Dios. En estos versículos que encontré en Segunda de Corintios, Dios me ha dado un propósito, ya Dios me ha mostrado el por qué permitió esto. Amados hermanos, no tenemos otra palabra más segura que la palabra de Dios y ésta me ha dicho un propósito del por qué Él ha permitido esto.

El título donde se encuentran estos versículos dice «Aflicciones del Apóstol Pablo», empieza diciendo «Bendito sea el Dios y Padre de nuestro Señor Jesucristo». Es extraño que si se va a tomar el tema de las aflicciones, de las tribulaciones y de las necesidades, se esté dando una alabanza antes que nada: «Bendito sea el Dios y Padre de nuestro Señor Jesucristo». Empieza con una alabanza, esto es tan tremendo, ver cómo alaba el apóstol Pablo, el cual había dicho que había pasado por tribulaciones y en ocasiones lo habían dejado por muerto. Leer lo que Pablo nos dice en Tesalonicenses, que demos gracias en todo, es aún más difícil de entender.

Porque usted me puede decir, bueno pero, ¿cómo yo puedo dar gracias por la muerte de una persona? ¿Cómo yo puedo darle gracias a Dios por los que se mueren de hambre? ¿Cómo yo puedo darle gracias por los que están enfermos? ¿Cómo yo puedo darle gracias por aquellas personas que están sufriendo enfermedades terribles? Claro que no podemos dar gracias por esas cosas. Lo que nos manifiesta Pablo es que aunque no podemos dar gracias por todo lo que sucede, podemos sí darle gracias a Dios porque, a pesar de lo que está sucediendo, Él está con nosotros, pase lo que pase. Esto quiere decir que no importa cuán malas sean las circunstancias que a nosotros nos estén rodeando, Dios nunca nos abandona. Y esto sí, mis amados hermanos, es un motivo de alegría y es motivo para dar gracias a nuestro Dios en todo tiempo.

Decía un escritor: «No tenemos más religión que aquella que podamos mantener en tiempo de prueba». Es fácil tener una religión cuando todo marcha bien; pero amados hermanos cuando a veces tenemos que dar la vida por aquella religión es fácil decir: «ya yo no pertenezco» o «ya yo no soy de ahí». Cuando a Pedro se le preguntó: «¿Tú eres uno de los que andaban con Jesús?» En ese momento Pedro dijo: «Yo ni lo conozco, ni lo he visto». Era el momento crítico, era el momento difícil, era el momento donde se estaba jugando la vida y Pedro no tenía religión, no tenía una creencia verdadera, porque Pedro prefirió mentir. Hay muchos que cuando viene el momento de la prueba, van y se meten en sus casas, se esconden y no vienen a la casa del Señor. No vienen al templo del Señor y no están seguros de lo que han creído cuando viene el momento de la prueba.

Había un hombre que decía que había construído un escudo a prueba de balas y fue donde el general y le dijo: «Yo preparé este escudo a prueba de balas». El General no le estaba haciendo mucho caso y el hombre le dijo: «Esto es fenomenal para el ejército, esto se lo pone cualquiera y ninguna bala le entra». Entonces, el General le dijo: «póngaselo a ver como le queda», y ordenó a un soldado pegarle un tiro en el pecho, entonces aquel hombre se quitó el escudo. Por lo tanto, el escudo no era tan bueno como él decía. Ni él mismo estaba seguro de que aquel escudo podría salvarle la vida.

Hermanos, quizá la prueba más grande de nuestra fe está en cómo nosotros vamos a responder en el momento de la tribulación, cómo nosotros vamos a responder delante de Dios y delante del mundo en el momento de la prueba. ¿Empezaremos a maldecir? «Maldice a Dios y muérete»; le dijo su esposa a Job. El le contestó: «como suelen hablar las mujeres necias has hablado. Aunque tú me mandes a maldecirlo, yo continuaré bendiciendo el nombre de mi Dios». Amados hermanos, ¡Qué fe! ¡Qué estabilidad! ¡Qué templanza tenía aquel hombre delante de Dios! Y cuando llegue la tribulación ante nosotros, ¿qué vamos a decir? Y cuando llegue el momento de la gran prueba, ¿qué vamos a hacer? ¿Seguiremos sirviéndole? ¿Seguiremos nosotros bendiciendo a Dios? ¿Daremos a Dios alabanza continua? ¿Bendeciremos a Jehová en todo tiempo?

Hermanos, podemos dar gracias a Dios en todo tiempo, porque Él nos ha dado fuerzas, esperanza y fe, para que nosotros podamos bendecir a Dios en los momentos de aflicción. Esto demuestra varias cosas, entre ellas está que el corazón del hombre que está en alabanza en el momento de la prueba y de la aflicción, no está derrotado hasta el punto de matar el alma con desesperación. Y que en el momento de la aflicción, la persona puede levantar sus manos y alabar a Dios en el momento de la tormenta, de la prueba, así como Pablo y Silas alababan a Dios cuando estaban en la cárcel con sus espaldas todavía chorreando sangre por los azotes que le dieron. Era media noche y ni siquiera les habían dado café, en una celda oscura, por causa de un pueblo que ni quería saber de ellos. Pero, había Alguien que sí sabía de ellos. Y cuando ellos empezaron a orar al Señor y cantar himnos, hermanos, la tierra tembló, se abrieron las puertas y cayeron las cadenas.

Por eso es que la tierra tuvo que temblar, porque no esperaba la contestación de aquellos dos que estaban alabando a Dios en aquel momento. La tierra se tuvo que mover, porque la tierra estaba esperando que maldijeran y que los guardias empezaran a matarlos. Cuando la tierra oyó que empezaron a cantar, los ángeles del cielo también los oyeron cantando. Cuando el Señor oyó aquel canto que venía de la aflicción, la tierra tembló.

Hermanos, cuando nosotros bendecimos a Dios en medio de la aflicción, se demuestra que hay esperanza. Y la esperanza, la misma Biblia dice que no avergüenza, la esperanza es vida. Yo veo la esperanza como algo que nos da ánimo y nos da fortaleza. Cuando uno tiene ánimo, cuando uno tiene vida, entonces puede ver cosas tremendas en momentos de tribulación.

Es como cuando en un partido de fútbol va perdiendo dos a cero, ¿Qué le sucede al equipo que está perdiendo? Los muchachos se sienten desanimados, ya no juegan más y entonces le anotan un diez a cero. Esto ocurre porque se desaniman y pierden las esperanzas de ganar. Pero el equipo, que va perdiendo y tiene las esperanzas de ganar sigue luchando, sigue adelante aunque esté perdiendo. En la vida cristiana, el cristiano que se siente abatido, que siente que las tribulaciones lo están moliendo en su ser, sepa que todavía hay esperanza y, por lo tanto, el cristiano que no se detiene, ni es vencido, ni es derrotado.

Hermanos, y con esta esperanza ¿qué más queremos nosotros sobre esta tierra? Si lo que más le preocupa al hombre sobre esta tierra es la muerte; Dios ha quitado la muerte. «¿Oh, muerte, dónde está tu aguijón? ¿Oh sepulcro dónde está tu victoria?», decía el apóstol Pablo. En Cristo hemos vencido nosotros. Cuando Dios habla de los cristianos que están muertos en el Señor, habla de que ellos duermen. El capítulo 15 de 1ra de Corintios versículo 6, dice: «Después apareció a más de quinientos hermanos a la vez, de los cuales muchos viven aún y otros ya duermen».

Cuando Dios habla de que otros ya duermen, está hablando de que ya algunos han partido con el Señor. El Señor habla de dormir y dormir es un acto natural, porque todos nosotros dormimos. Dios le dice al cristiano, a su hijo, no te preocupes, porque tú no vas a morir, lo que vas a hacer es entrar en un descanso, lo que precisamente el sueño es, un descanso. Porque después de un día de trabajo, usted descansa. Después de tener una vida aquí, donde somos peregrinos y que hemos dicho con nuestros labios que nuestra morada no es ésta y que aquí no está nuestra patria, pues, hermanos, cuando se termine esto aquí, entonces vamos a estar allá.

Los expertos que estudian el comportamiento del cuerpo humano dicen que es en el sueño donde nosotros crecemos y donde recuperamos nuestras fuerzas. Y, si Dios dice que cuando nosotros partimos de este mundo lo que hacemos es dormir, será en Cristo donde seremos restaurados. Un día vamos a despertar llenos de vida y de abundante vida para nunca más volver a dormir. ¡Qué linda es la promesa de Dios! Padre de misericordias y Dios de toda consolación. Aquí dice Dios de toda consolación y esto quiere decir que afirmativamente Él es el Dios de toda consolación. ¿Habrá alguna cosa que nos suceda en la cual nuestro Dios no tenga el poder de consolarnos? No, no habrá ninguna aflicción, no habrá ninguna tribulación que sea capaz de anular el hecho de que Dios, es Dios de toda consolación. ¡Gloria Dios!

No, amados hermanos, ninguna prueba es superior a la habilidad que Dios tiene para consolarnos. Él sí sabe consolarnos. ¿En qué consiste el consuelo de muchos? Cuando viene el momento de la muerte o de la tribulación, algunos buscan entonces a compañeros para que los aconsejen, otros para que vengan a llorar con ellos, otros para que vengan y traten de estimularlos a seguir adelante. Hay otros que actúan diferente y corren hacia el pecado cuando llega el momento de la tribulación. Se le murió la mamá, entonces van a beber ron durante dos meses para olvidar las penas, para olvidar que perdieron a un ser querido. Hay otros que entonces corren a las drogas, para estar todos los días sintiéndose en «el cielo», para olvidar lo que le pasó aquí abajo. Sin embargo, el cristiano está aquí abajo y sin usar drogas está en el cielo.

Amados hermanos, la esperanza de Dios nos lleva hasta la misma presencia de Dios. ¡Qué lindo es el Señor! Hay otros que entonces se van al juego para olvidar esto. ¿En qué consiste el consuelo de Dios? ¿En correr hacia el pecado? No, absolutamente, no. Pero, el cristiano que cree en la palabra de Dios y ha creído en Cristo, tiene el consuelo.

Había un ministro que tenía un amigo, el cual estaba en el lecho de muerte y le preguntó: «¿Cómo te encuentras hoy?» Y le dijo: «Me siento como si mi cabeza estuviera sobre tres almohadas suaves: una, poder infinito; dos, amor infinito; y tres, sabiduría infinita. Poder infinito, para que si hay unos huesos que Dios tiene que levantar, Él los levante; amor infinito, porque lo que Dios permite es lo mejor; y sabiduría infinita, porque Dios sabe lo que está haciendo. ¡Aleluya!»

¿Cree usted que Dios hace las cosas a lo loco? Nunca Dios hace las cosas a lo loco. Dios tiene un plan y un propósito, preciosos, porque lo que Dios hace es precioso. «Y vio Dios que todo lo que había hecho era bueno en gran manera», nos dice la escritura en Génesis 1:31 . Todavía Dios mira todo lo que Él está haciendo y sigue siendo bueno. Ahí es que está nuestra confianza.

¿En qué consiste el consuelo nuestro? Dijo el salmista en el Salmo 119:49 algo muy precioso acerca de dónde está mi consuelo. «Acuérdate de la palabra dada a tu siervo, en la cual me has hecho esperar. Ella es mi consuelo en mi aflicción, porque tu dicho me ha vivificado». ¿Cuál es el consuelo? La palabra de Dios.

Busquemos la Palabra en Romanos 15:4

Hay momentos tan tristes, tan fuertes, en los que las Escrituras nos dan la consolación que necesitamos. Una sola gota de la palabra de Dios que caiga en nuestros corazones nos inunda y nos consuela. Los hombres que han creído en la Palabra de Dios han obtenido vida y, por la misma palabra, son mantenidos también en vida. Él nos consuela en todas nuestras tribulaciones; no hay tribulación que Dios no consuele, porque la Palabra nos dice que en todas seremos consolados. Dios no es mentiroso, en todas nuestras tribulaciones nos consolará.

¿Para qué nos consolará? Aquí hay una razón por la cual Dios se llevó a mi hijo, para que podamos también nosotros consolar a los que están en cualquier tribulación. Por medio de la consolación es que nosotros somos consolados por Dios. No nos consuela para que vayamos donde está el atribulado y le digamos: «Yo también fui atribulado y mi corazón se partió en dos pedazos, mi corazón lloró y sufrí dos meses». No es para identificarnos con la tribulación de otros, no. Somos atribulados, para que podamos consolar a cualquiera que esté en tribulación, por medio de la consolación con que nosotros somos consolados.

No es por la tribulación, no es para que yo me pueda comparar contigo en la tribulación, sino para que yo, al compararme contigo en el dolor, pueda decirte que Jehová me consoló. La consolación de Jehová llegó a mi vida, para que tú también puedas decir en el momento de la tribulación, así como Jehová fue con la familia Morales, también lo será conmigo.

Para que tú también tengas donde apoyarte amado hermano. Porque vendrán pruebas y vendrán momentos difíciles. La Biblia no habla de que los días mejorarán, sino que se pondrán peores. Así que, hermano, prepárate, alístate, para que cuando venga el momento difícil puedas tu pasarlo con la consolación de nuestro Dios.

En el mundo se sufre de todas maneras, con o sin Cristo. Si usted no está en Cristo sufre, si está en Cristo también sufre, pero en Cristo no se sufre solo, se sufre acompañado. Acompañado, ¿por quién?, por nuestro Dios y qué mejor compañía que ésa.

Es hermosa la promesa que Dios nos da en el Salmo 91:14-16: «Por cuanto en mí ha puesto su amor, yo también lo libraré, le pondré en alto por cuanto ha conocido mi nombre, me invocará y yo le responderé, con él estaré en la angustia.» ¡El Señor va a estar conmigo en la angustia!

Dios no nos ha dicho que no vamos a sufrir, sino que Él ha prometido estar con nosotros hasta el fin de los tiempos. Porque de la manera que abundan en nosotros las aflicciones de Cristo, así abunda también, por el mismo Cristo, nuestra consolación.

Él no le da cargas a nadie que no las pueda llevar. Así que, cuando venga una tribulación a tu vida, cuando te venga una gran dificultad, un gran problema, se te muera tu papá, tu mamá o tu hijo, o quién sea, no te preocupes. Piensa que Él no da cargas a nadie que no las pueda llevar. Quizá ésta sea la primera prueba, si Dios la permitió, es porque sabe que yo la puedo pasar; es porque Dios ha visto en mí que yo puedo hacerlo. Si no lo logro, es porque yo no puedo creer, me quedo estancado o me quiero detener ante la prueba.

Si Dios lo ha permitido, es porque ha visto en mí que hay una capacidad para seguir adelante. Oiga hermano, lo que Dios le dice a la iglesia. ¿Está escuchando? Si somos atribulados, es para vuestra consolación y si somos consolados es para vuestra consolación y salvación. La Biblia dice que nosotros, ministros suyos, ya sea que seamos atribulados o consolados, es para vuestra consolación y salvación. La cual ocurre al sufrir las mismas aflicciones que nosotros también padecemos y nuestra esperanza respecto de vosotros es firme, pues sabemos que así como sois compañeros en las aflicciones, también lo sois en la consolación.

Así como Dios nos ha consolado, yo creo que la consolación de nosotros alcanzará a muchos. No cabe lugar a duda de que esa consolación mía y de mi esposa, ha sido la consolación para muchos. Dios nos vino a consolar. ¿Se cumplió la escritura? Sí, porque fuimos consolados para vuestra consolación. Yo sé que aquel día, si yo me pongo a llorar sin consuelo, muchos de ustedes se hubieran ido desconsolados a sus hogares. En aquel día, Dios me dio fortaleza y se la dio a ustedes. En la medida en que la consolación de Dios venía a mí, ésta también iba llegando a ustedes.

Si hemos sido consolados es para consolar. Está ahí, tan claro en la Palabra, Dios lo ha dicho. Espero que no olvides esto, hermano. Cuando venga el momento de la tribulación, pídele a Dios la consolación para que puedas ayudar a otros. Dios consuela tu vida y podrás consolar. Esperamos que los frutos de la muerte de David Daniel sean preciosos. Bienaventurados los que mueren en el Señor. Gloria al Señor Jesús.

Amados hermanos, Frances y yo estamos consolados y quiero que ustedes estén conscientes de eso. Estamos confiados en el Señor. Sí, amados, Dios nos ha consolado en una forma muy preciosa y continuamos adelante, confiados en el Señor. Nos sentimos muy felices al tener un Cristo tan precioso, nos sentimos bienventurados al tener la fe y esperanza que Jesucristo nos ha dado. Sabemos que todas las cosas ayudan bien a los que le aman. Frances y yo hemos podido consolar a algunos de ustedes con la consolación que Cristo nos ha dado. Un abrazo fraternal para todos.»

Cada vez que compartimos el testimonio de cómo Dios nos consoló en la muerte de David, los padres que lloran la muerte de un hijo, han sido consolados por el Señor. Estábamos en Riobamba, Ecuador, ministrando en un retiro para los pastores y esposas. Nos acompañaron 17 parejas de pastores indígenas Quechua del Chimborazo. Danny compartió con los pastores sobre la muerte de David y cómo Dios le consoló.

Al terminar un pastor se acercó y le pidió oración, porque hacía poco que había muerto su hijo, nadie lo fue a consolar y se sintió muy solo. Inmediatamente Danny lo abrazó y oró por él, glorificamos a Dios porque este pastor, quien era el cacique de los indígenas y recibió en ese momento consolación.

Jamás podremos olvidar a David Daniel, recordamos su cumpleaños y el día de su partida. Dios ha consolado mi corazón de madre. David Daniel fue un hijo amado y lo amaré siempre.

Le escribí un poema de despedida a David Daniel.

David Daniel

Adiós hijo querido,
hasta luego.
Nos veremos un día,
espérame allí, reposa con mi Señor.
No sufrirás, sino que dormirás,
Sí, dormirás en los brazos de los ángeles,
mientras esperas a tus padres.
Si hablas con Jesús, mi amado hijo,
dile en el oído,
que te amo y siempre te amaré.

Hay quienes me han preguntado si duele menos la muerte de un hijo pequeño. No he perdido un hijo grande, pero sé que el dolor que siente el corazón de una madre es profundo, no importa la edad. Pienso que cuando uno tiene un hijo más tiempo, las memorias son más y la experiencia debe ser más dolorosa.

Creo, con todo mi corazón, que Dios puede consolar a los enlutados, porque lo hizo conmigo y Su promesa de vida eterna nos alienta a creer y esperar la resurreción de los muertos, esa promesa que para todos aquellos que reciben a Cristo como su Salvador. Si nuestros seres amados han creído y recibido a Cristo de corazón, ellos resucitarán cuando Cristo venga.
(1 Cor. 15:52, 1 Tes. 4:16)

Años más tarde, Juanito, el hermanito de Danny, por parte de su mamá, murió de leucemia en Puerto Rico.

Danny estuvo con su madre y predicó esa noche acerca de la consolación de Dios y le dijo: «madre, yo sé el dolor que estás pasando, porque mi hijo murió y quiero decirte que el Dios que me consoló está aquí para consolarte». Desde ese momento, su mamá dejó de llorar y fue consolada.

La muerte tocó otra vez a la puerta de nuestra familia. El primero de noviembre de 2006, partió con el Señor nuestro amado nieto Tyler Enrique Mc Queary, en Louisville, Kentucky. Fuimos a consolar a nuestros hijos Frances y Brian. Dios les consoló y le ha concedido a su hermano gemelo Breyton Rey disfrutar sus amorosos padres y a sus hermanitos Alex y Cameron.

Amado lector, Cristo vino a consolar a los enlutados de corazón,[10] si usted en este momento está enlutado y triste, crea y pida a Dios que le consuele, crea en Sus promesas de vida eterna. Crea de todo corazón y permita que la Palabra de Dios le consuele.

¡Señor, Dios de toda consolación, te pido que enjugues las lágrimas de cada hermano o hermana que en esta hora están enlutados y los consueles, así como nos consolaste a nosotros. Amén!

A un paso de la muerte …

En dos ocasiones en su vida Danny ha estado a un paso de la muerte, pero no era su tiempo de partir. Son momentos

---

10   Isaías 61: 2

duros, impactantes y que nunca se olvidan. A la misma vez son momentos que motivan a meditar y reflexionar sobre la vida.

La primera vez fue once años atrás. Danny y yo regresábamos en un autobús de Comayagua con un grupo de voluntarios americanos. Dejamos al grupo en un campamento de la ciudad de Villanueva y nos fuimos rumbo a San Pedro Sula.

A los pocos minutos fuimos impactados por una camioneta que venía sin luces por nuestro carril. Danny estaba sentado al frente y, como no habían cinturones de seguridad, con el impacto su cuerpo salió «volando» y rompió el cristal delantero. Cayó sobre el techo de la camioneta y creyó que había muerto, pues no escuchaba nada.

Al rato, comenzó a oir voces y se dijo: «estoy vivo». No sentía sus manos debido a que tenía unos dedos fracturados. Poco a poco, se fue bajando y vio al pasajero de la camioneta muerto y al chofer muy mal herido. Al caminar hacia la puerta del autobús, se encontró con una vecina que vivía al lado de la carretera, ella lo miró fijamente y le dijo: «levante sus manos y adore al Señor».

Y Danny adoró a Dios con sus manos en alto.

Se acercó y me preguntó que si estaba bien, yo le contesté que creía que mi pierna se me había fracturado y me dolían mucho mis costillas. Se fue a parar los carros que pasaban, pero seguían su camino y ninguno se paró para ayudarlo.

Sin embargo, Su Ayudador lo vio desde el cielo y envió un grupo de jóvenes creyentes, los cuales lo reconocieron al ver que era el pastor que la semana anterior había predicado en su iglesia. Inmediatamente, nos trasladaron a la ciudad de San Pedro Sula, en todo el camino adoramos y alabamos a Dios. Mi corazón estaba lleno de gozo al saber que Dios nos preservó la vida y podría ver a mis hijos nuevamente. Estoy lista para un día morir, siempre ha sido mi anhelo que me pueda despedir de todos antes de morir.

Agradecimos a Dios que Liza no estaba herida, ya que unos minutos antes se había ido al último asiento para descansar. Ella fue nuestra enfermera los cuatro meses que no pude caminar y el tiempo que Danny no pudo usar sus manos.

Nos llevaron a un hospital y al otro día el doctor me preguntó: «¿Señora, quienes son ustedes?» Yo le dije : «mi esposo es un pastor y yo una maestra, ¿por qué me pregunta?» «Hoy viene un avión ambulancia, desde los Estados Unidos a buscarla. Ese servicio cuesta más de quince mil dólares». Dimos Gloria a Dios, quien en medio de la tribulación nunca nos ha abandonado.

Esa noche, alguien había llamado a nuestro amigo y hermano en Cristo, el Dr. Laurence Arnold. Inmediatamente, éste hizo los arreglos pertinentes y pagó el avión para trasladarnos a un hospital de Florida. Dios lo usó para bendecirnos en medio de tan gran tribulación, estaremos siempre agradecidos con él.

Mi valiente esposo regresó a Honduras a los cuatro días de operado, con el Dr. Arnold y una brigada médica. Recuerdo que cuando llegué del hospital, cayó una lluvia torrencial y el techo de nuestra casa estaba averiado, al lado de mi cama caía un chorro de agua .

Fuimos bendecidos por los hermanos de la Iglesia *First Baptist* de Pompano, la Iglesia *Calvary* y otros hermanos, quienes nos pusieron un techo nuevo. Iglesias de Miami y otras del área nos bendijeron con ofrendas, comidas, venían a limpiar y a cocinar. En mi escuela los maestros y estudiantes recogieron dinero y comida. En medio de esta tribulación, la provisión de Dios abundó en nuestra casa, por lo que muchas veces compartimos con familias necesitadas. Desde jóvenes nos dedicamos a servir y dar y, en esta ocasión, nos tocó estar quietos y recibir.

El domingo antes del accidente, Danny fue al aeropuerto, allí conoció a un hermano de Louisiana, su esposa había muerto mientras buceaban en una de las islas de Honduras. Danny le dio palabras de consuelo y oró por él. Cuando abrimos la correspondencia al llegar del hospital, Dios nos sorprendió. El pastor de ese hermano nos mandó una carta que decía: «Pastor Danny, parece que su ministerio está en el corazón de esta familia, pidieron que en lugar de flores dieran una ofrenda para usted, le adjunto un cheque con esta nota». Cuando miramos la fecha de la carta, ésta fue escrita tres días antes de nuestro accidente. Dios tenía provisión para nosotros. Gloria a nuestro Dios.

Por segunda vez, Danny estuvo a un paso de la muerte hace dos años. El día antes de salir para Argentina, Danny fue operado de apendicitis. Pasaron tres días y su semblante decayó, estaba inflamado y sus intestinos colapsaron. Su condición empeoró.

Danny me dijo: «Frances, me siento muy mal, si Dios me va a llamar no quiero que tú y nuestros hijos se enojen con Él. Si me llama, me voy feliz ya que he tenido una buena vida, dedicada a servir al Señor».

Lo abracé y le dije entre lágrimas: «no no te vas a morir, tal vez te sientes en un valle de muerte, pero no temas, vas a vivir». Estuve orando por él hasta que se durmió. Esa misma tarde fue operado nuevamente. Llamé a nuestros hijos los cuales vinieron a estar con su papi. Estuvo quince días en el hospital y puedo decir que Dios lo sostuvo y le guardó su vida, no le permitió tomar un vuelo en avión por nueve horas.

Danny, creo que Dios quiere que sigas dejando huellas …

Capítulo 6 – Plan Avance Misionero en Honduras

En 1972, viajamos a Puerto Rico, donde nació nuestra hija Rebecca. A los cinco meses regresamos a Honduras con un plan de trabajo que Dios nos dio para comenzar el ministerio de Avance Misionero en Honduras. Recuerdo que una mañana, el Señor le dijo a Danny: «vas a dirigir la obra …pero, nunca te quites el traje de pastor». Su corazón latía con más fuerza, la pasión por las almas y el anhelo de trabajar y hacer lo que Dios le encomendó. Reunió a los misioneros y comenzamos a orar y estudiar la Palabra. Estaban con nosotros los misioneros Judith Santiago, Gabriel Alvarez, Rubén Nieves y Felícita Pérez.

En aquellos años en Honduras, los «evangelistas», como llamaban a los evangélicos, no eran bien recibidos en Comayagua, ya que era un pueblo tradicionalmente católico. Mientras cantábamos y orábamos en las noches, muchas veces oíamos las piedras que alguien tiraba sobre el techo. Años más tarde, supe que Danny escondió un anónimo, en el que nos ordenaban salir del pueblo porque nos iban a matar. Nada hizo que este varón de Dios desistiera para hacer la obra que le fue encomendada. Haciendo caso omiso a las amenazas, valientemente hacía cultos de oración y estudios bíblicos, pastoreando por seis meses a los misioneros en nuestra casa.

Una noche, mientras cantábamos, oímos que alguien tocaba a la puerta, era un soldado que escuchó los cánticos y decidió llegar a la casa. El joven se llamaba Lázaro Morales de los garífunas[11] de Trujillo, al norte de Honduras. Éste vivía al frente de nuestra casa en Comayagua, en el cuartel de soldados del Quinto Batallón. Al abrir la puerta lo saludamos y se le dijo que volviera otro día. Lázaro nos dijo que no podía volver, ya que ése era su único día libre, por esa razón se le permitió entrar al estudio bíblico, sin saber que Dios lo había llevado con un propósito muy especial. Estuvo atento a la enseñanza de la Palabra y muy callado observó que los misioneros comenzaron a traer pailas[12] con agua para tener un lavatorio de los pies.

Uno de los misioneros le dijo a Danny: «¿Por qué no invitamos al joven a pasar para que nosotros le lavemos los pies?» Danny abrió sus ojos asombrado ... pensando

---

11 Garífunas – pueblo producto de la mezcla de arahuacos, caribes insulares y negros africanos esclavos en la Antillas, que los ingleses deportaron en 1797 de la isla de San Vicente a la isla de Roatán, Honduras. Después se extendieron por la costa atlántica de Belize, Honduras, Guatemala y Nicaragua.

12 vasijas de metal

que era una visita ... pero no se negó. Se acercaron respetuosamente al joven soldado y le preguntaron si les permitía lavarle los pies y él muy amable aceptó. En unos instantes, estaban quitándole las botas y así con mucho amor le lavaron los pies. Al terminar, el misionero le dijo a Danny: «¿Por qué no le invitamos a aceptar a Cristo como su Salvador?» Danny lo invitó y Lázaro recibió al Señor, ¡ésa era su noche de salvación!

La verdad es que Dios tiene Su momento. ¡Quién lo iba a pensar que celebrando un lavatorio de pies, una vida iba a ser tocada por Dios! Al terminar su servicio militar, este joven se quedó con los misioneros, para prepararse para ser pastor. Estudió en el Instituto Bíblico y actualmente es pastor en la aldea de Santa Fe, Trujillo[13]. Es algo admirable que Lázaro volvió a su gente para presentarles a Cristo. ¡Gloria a Dios!

La estrategia de Dios para alcanzar a Comayagua para Cristo, fue «haciendo amigos». Danny dividió el grupo de misioneros y nos mandó de dos en dos. Llenos de entusiasmo comenzamos a visitar hogares e hicimos amigos, quienes poco a poco fueron llegando a escuchar la Palabra en el garaje de la casa. La curiosidad creció en medio del pueblo y muchos se preguntaban, «¿Quiénes son esos jóvenes que hablan de Cristo tan bonito?».

Dios añadía a la iglesia los que iban a ser salvos, Lázaro invitó a otro joven soldado, Orlando Sierra, quien trajo

---

13   Trujillo-Departamento al norte de Honduras

a sus parientes. Era como una cadena. La enfermera Mariela de Campos invitó a su amiga Lolita Magaña, la cual trajo a Gloria, Melba y Aracelis. Se añadieron al grupo la hermana Marta de Zavala, sus hijos, su mamá doña Berta de Suazo con don Adán Suazo. La hermana Marta fue directora de Avance Misionero por varios años. Así, poco a poco, se fue formando una familia espiritual, unida por el amor de Dios que se iba derramando en cada corazón que llegaba a los estudios bíblicos en nuestra casa.

El joven Jaime Vallecillo y su padre José Eulogio Vallecillo, conocido cariñosamente como «Cuyuyo», llegaron a los estudios bíblicos sedientos de la Palabra de Dios. Cuyuyo llegaba a las reuniones sin zapatos, así caminaba todo el pueblo y a veces me decía: «Hermana Frances, ¿le ayudo a poner las sillas y limpiar el garage para hacer los estudios bíblicos?» Con su sonrisa y amor me quitaba la escoba y con gran devoción nuestro querido Cuyuyo limpiaba y arreglaba el lugar de adoración cada sábado. No puedo olvidar que me cambió el nombre y comenzó a llamarme «Sor Frances».

Cuyuyo fue parte de la historia de Avance Misionero. Al edificar el Tabernáculo, como llamamos a la iglesia Central de Comayagua, este siervo de Dios dedicó más de veinte años de su vida a cuidarlo y limpiarlo. Dormía en la iglesia y su alegría era abrir las puertas para que el pueblo de Dios entrara a rendir culto de adoración a Dios. Las visitas se llevaban el recuerdo de este siervo de Dios que los recibía con tanta alegría y amor en la casa del Señor. Cuyuyo tocó muchas vidas como «levita» en la casa de Dios.

(Cuyuyo, a sus 95 años, partió a morar con el Señor en octubre de 2008)

A los pocos meses, el grupo creció y tuvo su primer retiro en una hacienda en la aldea de Jamalteca, cerca de la Libertad. Allí había una cascada natural y en la poza de la misma fueron bautizados los primeros creyentes de la Iglesia Avance Misionero en Honduras.

Comencé a dar clases bíblicas en Comayagua a siete niños y, al cabo de un año y medio, la escuela bíblica constaba con cuatro secciones de niños y una de jovencitas, donde ministraban los misioneros de Puerto Rico, Lucy Nieves, Ramón Nieves y Ana M. Hernández.

Más tarde llegaron las jóvenes Gladys Pérez, Nelly Westerband y Milagros Chervoni. Fue hermoso ver cómo cada misionero fue ubicándose de acuerdo al Plan de Dios predicando, ministrando a los niños, visitando y ayudando en todo lo que se les pedía.

La hermana Judith Santiago de Álvarez organizó y dirigió el primer Instituto Bíblico de la AMH[14]. Dios

---

14   Abreviatura de la iglesia Avance Misionero en Honduras

la usó junto a otros misioneros para enseñar, preparar y formar los futuros pastores. Actualmente, muchos de estos pastores pastorean las iglesias de Avance Misionero en Honduras.

Danny comenzó su primer programa radial, «Variedades Cristianas» con gran emoción. En este programa tuvo una breve sección llamada «Escudriñando las Escrituras», la cual era un estudio profundo de la Palabra. Fue así como la voz de aquel jíbarito de Bayamón,[15] comenzó a oirse a través de las ondas radiales en las aldeas y pueblos cercanos de Comayagua, los domingos a las once de la mañana. Los hermanos Gabriel Álvarez y Ramón Nieves fueron a predicar en las montañas de la Libertad,[16] visitaron algunas aldeas y al poco tiempo se estableció la iglesia de AMH en Lajas.

Los misioneros Anita Hernández y Ramón Nieves comenzaron la iglesia del barrio Independencia. La hermana Lucy Nieves les ayudó con el evangelismo y muy pronto la iglesia creció.

En enero de 1976, Danny rentó un lugar en el centro del pueblo, llamado «La Caxa Real», donde están las ruinas de edificios construídos por los españoles. Allí realizó la primera campaña evangelista en Comayagua. Muchas almas recibieron a Cristo, entre ellas la hermana Teresa Cáceres, Fanny Suazo y sus parientes. Había que

---

15 Jíbarito es el diminutivo de la palabra jíbaro, como se le llama al campesino de Puerto Rico

16 Pueblo en las montañas del Departamento de Comayagua

discipular a este grupo del barrio Arriba, por lo que se comenzó un estudio bíblico en uno de los hogares, fruto de esa campaña.

Se comenzaron a establecer iglesias y una de las primeras fue en la ciudad de la Paz, en la casa de la familia Zacapa. La iglesia se reunió por muchos años en esta casa y Dios comenzó a derramar su espíritu, la congregación creció y varios jóvenes recibieron el llamado de Dios, para que se prepararan en el Instituto Bíblico en Comayagua.

Llegaron a Comayagua Nehemías, Reina, Edelmira y Manuelito, llenos de emoción para prepararse para el ministerio. Estos muchachos estudiaron con mucha dedicación en el Instituto Bíblico de Comayagua. Hoy día, Edelmira y Manuelito están sirviendo al Señor en la Paz y Reina es una preciosa misionera en Jinotega, Nicaragua. Nehemías es pastor en San Pedro Sula, director del Instituto Bíblico de Avance Misionero y, por varios años, fue el director de las Iglesias de Avance Misionero en Honduras.

Se establecieron otras iglesias de Danlí, San Pedro Sula y Tegucigalpa. Varios misioneros iban a estas ciudades a enseñar la Palabra en los hogares que se abrieron para comenzar las iglesias. Hay un hermoso fruto del Plan de Dios con aquellos jóvenes misioneros, un instituto bíblico, una escuela elemental, un cuerpo ministerial y veinte iglesias establecidas en varios departamentos de Honduras. La semilla germinó y dio fruto. ¡Gloria a Dios!

Soy testigo del amor por las almas que Danny y estos jóvenes misioneros tenían. Dejaron todo en Puerto Rico y se sacrificaron para cumplir su misión. Bajo lluvias torrenciales, a veces sin comer, salían corriendo con una pequeña sombrilla hasta llegar al hogar donde darían un estudio bíblico. Su lema era: «Hay que ser responsable y cumplir nuestra misión». Y así lo hicieron, continuaron la labor, sembrando con lágrimas y sacrificios. Ellos ayunaban, oraban, estudiaban profundamente la Palabra y luego salían a predicar. Sé que mi esposo y esos valientes y dedicados misioneros, un día, recibirán su recompensa de parte de Su Señor. Amén. (Mateo 25:21)

El Señor me encargó la instrucción, por lo que seguí trabajando en la escuela bíblica semanalmente, creyendo que ésa era mi única misión en Honduras. Estaba muy equivocada, Dios tenía otros planes para mí. Al poco tiempo, me dijo: «¡Frances, funda una escuela primaria!» Danny y yo le creímos a Dios y comenzamos a planificar.

Tuvimos la bendición de ser asesorados por el ilustre profesor, pintor y escritor, Don Adán Suazo y su amada esposa la profesora Berta Zacapa de Suazo. No teníamos dinero, local, mobiliario, ni estudiantes. Solamente contábamos con dos maestras misioneras: Anita Hernández y esta servidora. Pero teníamos lo más grande que un hombre puede tener ... ¡ la fe en Aquel que nos llamó a Honduras!

Presentamos la solicitud al Ministerio de Educación en Tegucigalpa,[17] para obtener la autorización oficial para inaugurar la escuela en febrero de 1975. Se nos pidió llevar una lista de los estudiantes matriculados y no teníamos ningún nombre. Con una libreta en mano, la hermana Anita y yo recorrimos las calles del barrio San Sebastián de Comayagua, buscando los nombres de los futuros estudiantes para la futura Escuela Privada Eben Ezer.

Sin conocernos, los padres nos abrían las puertas de los hogares y matriculaban a sus niños, dando paso a que comenzara a desarrollarse el Plan de Dios con la escuela. Llegamos a la casa misionera tarde en la noche, fatigadas y cansadas, pero felices con la matrícula completa para el *kindergarden* y el primer grado. Durante las siguientes semanas continuamos los trámites correspondientes.

Con gran regocijo, el 17 de febrero de 1975, inauguramos la escuela Eben Ezer en el barrio San Sebastián de Comayagua. Fue una obra de amor, Dios usó a los esposos Suazo y a muchas personas de Comayagua, entre ellas al Licenciado Carlos Yuja, su amada esposa Doña Elena Vindel, quien fue nuestra primera directora Ad honórem, las profesoras Thelma y Mirna Vindel, Teresa Cáceres, Elsa Lagos y otros hermanos, los cuales nos orientaron y respaldaron en el proyecto de la escuela.

No puedo olvidar la bondad y generosidad de personas como Doña Adriana de Rodríguez, quien nos prestó una

---

17 Capital de Honduras

casita de dos cuartos, frente a la iglesia San Sebastián, la cual arreglamos y acondicionamos para nuestra escuelita. Don Quintín Polanco, nos donó la madera para hacer el mobiliario. El hermano Julio Lagos, fue el carpintero que con la ayuda de los misioneros y algunos hermanos de la iglesia hizo y pintó las sillitas y mesitas para los estudiantes. Algunas hermanas, amigas y las misioneras me ayudaron a hacer arreglos florales y manualidades, los cuales vendimos para comprarle cuadernos, útiles y materiales educativos.

Dios envió a la maestra y misionera Gladys Pérez, quien se unió para enseñar Ad honórem por muchos años en la escuela con nosotras. Nuestra mayor recompensa fue ver la primera promoción del sexto grado de la escuela. No tengo palabras para agradecerle a estas siervas del Señor su amor, sacrificio y dedicación. También contamos con la bendición de tener, por unos meses, maestras voluntarias de Puerto Rico: la hermana Gilda Díaz y María I. Rivera (Chela).

¿Cómo podremos agradecerle al hermano Lázaro Morales (Lachito) su ayuda en la escuela? Este joven mientras estudiaba en el Instituto Bíblico en las noches, por el día limpiaba, cuidaba la escuela, hacía mandados y jugaba con los niños, sin recibir un sueldo.

En los momentos más difíciles de la escuela, Danny estuvo junto a los pastores Orlando Sierra, Nehemías Chavarría y los hermanos de Avance Misionero en Honduras, levantando bandera para defender la escuela, cuando las autoridades locales querían cerrarla. Las plazas de maestros que pagaba el gobierno fueron removidas a otro plantel, al comprobarse que la escuela estaba registrada de acuerdo a la ley educativa de Honduras. Era necesario conseguir dinero para pagar los sueldos a varios maestros. Al regresar a Florida, Danny compartió la necesidad de la escuela y muchos corazones generosos comenzaron a colaborar para pagar los maestros. Dios nos dio la victoria y no se cerró la escuela.

Actualmente la escuela tiene un personal y una administración excelente. Es dirigida por la Licenciada Delfina Sierra. Cuenta con una matrícula de más de 250 estudiantes, quienes además de la educación académica, reciben enseñanzas bíblicas diarias. Durante todos estos años la labor de cada miembro del personal y de la administración no ha sido en vano. Muchos estudiantes y familias han sido alcanzados con el evangelio y hoy sirven al Señor.

En Piedras Bonitas, en el terreno donado por el distinguido Licenciado Carlos Yuja y su amada esposa Doña Elena Vindel viuda de Yuja, la Escuela Eben Ezer ha sido como un faro que desde su alta localización alumbra con la instrucción y el evangelio a la ciudad de Comayagua. Hoy día muchos ex- alumnos hoy son doctores, ingenieros, pilotos, secretarias, maestros, pastores y otros han escogido buenos oficios, para servir a su comunidad.

Dios nos dio el nombre: EBEN- EZER, la cual quiere decir: «hasta aquí nos ayudó Jehová». Nombre que sería el lema de la escuela, porque ésta ha sido instrumento de Dios para ayudar a los niños y presentarles a Cristo. Puedo decir que la misión de la escuela se ha cumplido, gracias al Señor y a cada vida que ha puesto «un granito de arena».

Capítulo 7 – 1980 –
El Año de Honduras

Dios nos dijo en 1980: «Este el Año de Honduras». No entendíamos esta frase, hasta que nos indicó que construyéramos un edificio para la escuela. Danny comenzó a hacer planes para construir. Nos animó a orar y creer que si Dios lo dijo, lo íbamos a realizar. Por cinco años, las maestras y estudiantes habíamos estado como nómadas en diferentes barrios de Comayagua alquilando casas para dar las clases. Construir la escuela era un proyecto hermoso, pero, aunque teníamos la orden de trabajar, solo teníamos cuarenta dólares en una cuenta.

Ya Dios estaba tocando corazones en Puerto Rico para construir la escuela. A las pocas semanas llegaron a Honduras los hermanos Eduvigis Rivera y Domingo González, junto al hermano Moisés Avilés y su esposa Lolita (padres del fallecido misionero Moisés Avilés). Los hermanos de Avance Misionero trabajaron arduamente con los siervos del Señor y en cuatro meses se construyó la escuela, en el terreno que generosamente donaron don Carlos y doña NenaYuja.

La escuela está localizada en una loma del barrio Piedras Bonitas de Comayagua. Se hicieron tres aulas grandes que se dividieron en dos para tener los seis grados y una pequeña oficina. Llenos de regocijo, inauguramos la escuela, contando con la presencia de la distinguida Primera Dama de la República, la distinguida Profesora Aida de Suazo Córdova, el Licenciado Leonardo Lagos, supervisor auxiliar de Educación y otros distinguidos invitados. Misión cumplida Ya estaba la escuela edificada y nos quedaban los cuarenta dólares en el banco, pues Dios suplió todo: dinero, materiales, terreno y mano de obra para hacer la escuela.

En ese año teníamos que levantar un Tabernáculo de Reunión, para la congregación en la ciudad de Comayagua. Con los cuarenta dólares, Danny comenzó a hacer planes para construir el tabernáculo. Estaba deseoso de obedecer y hacer lo que Dios le mandó. Cuando vio un lote de terreno en la entrada a la ciudad en el Boulevard Comayagua, Danny como quería «ayudar» a Dios, investigó quién era el dueño y fue a solicitarle al Dr. Pereira, que se lo alquilara por tres años, para poner un Tabernáculo móvil. El buen ayudante de Dios, pensó: «En tres años, si nos tenemos que ir a otro terreno, movemos el Tabernáculo».

El doctor al oir la petición de Danny, le dijo que hablaría con su familia y que luego le daría una respuesta. Unas semanas después el Dr. Pereira llamó y le dijo: «mi familia y yo le vamos a regalar ese lote para que haga su iglesia pastor». ¡Gloria Dios!

Danny pidió a cada miembro de la iglesia que trajera una piedra lisa pequeña, para que escribieran su nombre. Cada hermano, incluyendo los niños, llevaron una piedra con su nombre. Estas piedras se colocaron en el terreno donde se iba a construir el tabernáculo. Allí, por fe, la congregación y Danny proclamaron que se construiría el Tabernáculo ese año.

Capítulo 8 – Ayudando a Dios

Estando en Siguatepeque, a Danny se le ocurrió poner a funcionar una granja para criar pollos, venderlos y así sostenerse en el campo misionero. Se puso a buscar información para emprender su carrera de «avicultor» y muy emocionado sacaba sus «cuentas» de lo mucho que le dejaría su «granjita». Pero, Dios tenía otros planes para él. ¡Danny no sabía que Dios quería que viviera por fe, dependiendo solamente de Dios!

Un día, enfermó gravemente con una fuerte hepatitis, sus ojos se tornaron amarillos y la fiebre alta no cedía por muchos días. El médico le dijo: «jovencito, recoje tus maletas y vete a tu país, si no quieres morir aquí». Regresó de la oficina del doctor muy débil y enfermo. Ese día, el hermano Benjamín Lafont, misionero americano, fue a visitarlo, oró por la salud de Danny y luego sacó de su bolsillo un billete de $10.00 dólares y le dijo: «El Señor me dijo que te diera esta ofrenda, la cual tiene un mensaje para tí».

Danny entendió el mensaje de Dios inmediatamente: «Yo cuidaré de tí, te proveeré todo lo que necesites». Al otro día se sentía mucho mejor y se encaminó al centro del pueblo, allí se encontró al doctor quien admirado le preguntó: «¿Muchacho qué haces por acá?» «Dios me sanó», le contestó Danny y siguió su camino muy gozoso. «La oración eficaz del justo, sanará al enfermo» (Santiago 5:15).

En otras ocasiones, Danny recibió ideas para hacer negocios y sostenerse. Inclusive, hizo un intento poniendo una librería evangélica en Comayagua, la cual no prosperó y hubo que cerrarla rápidamente. También rechazó ofertas de varias misiones en Puerto Rico y Honduras, en las cuales le ofrecían casa, iglesia, auto y un buen salario. Eran ofertas muy buenas, pero entendió que no era lo que Dios quería para él, pues tenía que vivir en total dependencia de Dios.

Acá, en los Estados Unidos, las ofertas han sido muchas, le han propuesto pastorear iglesias, salarios y vender productos. Pero, Danny ha permanecido creyendo que Dios le seguirá proveyendo y que no lo quiere envuelto en negocios o ministerios a los que no ha sido llamado.

Hemos vivido plenamente la promesa de Dios en Filipenses 4:19 «Mi Dios, pues, suplirá todo lo que os haga falta conforme a sus riquezas en gloria en Cristo Jesús».

Capítulo 9 – Viviendo por fe

¡Jehová-jireh – Dios es mi proveedor!

Durante estos cuarenta años en el ministerio, Dios ha provisto todo lo necesario a su siervo, su familia y los misioneros. En esta ocasión quiero compartir algunos testimonios, donde se manifestaron el cuidado y provisión de Dios para sus siervos.

Con la ofrenda del grupo de las Clases Bíblicas de Puerto Rico, hacíamos la compra semanal para los misioneros y nosotros. Cada misionero recibía US $22.00, un equivalente de 44.00 lempiras, de acuerdo al cambio de moneda de aquellos años. Hacía más de dos semanas que no recibíamos correspondencia con la ofrenda de Puerto Rico. Una tarde le dije con mucha tristeza a las misioneras: «no tenemos comida, hay un huevo que le voy a cocinar a Rebecca y media bolsita de frijoles». Becky apenas tenía un año y yo estaba embarazada de Frances. Las muchachas me dijeron: «no hay problema Frances, ayunaremos».

En eso llamaron a la puerta, era una enfermera, la hermana María de la Paz Ortíz (Mariela). Ella estaba asistiendo a los estudios bíblicos y me dijo que quería que habláramos en el cuarto, pensé que iba a contarme algún problema. No fue así, me dijo «hermana quiero invitarles a cenar hoy». Muy emocionada le pregunté : «¿ Y a qué hora quiere que lleguemos Danny y yo?» Estaba tan equivocada ... la bendición no era solamente para nosotros, la hermana prosiguió diciendo: «Frances, yo hice comida para todos y quiero pedirle permiso para traerle la comida aquí, porque su mesa es bien grande».

Yo no sabía que Dios tenía «un *catering*»[18] especial para todos. La cena estuvo deliciosa, los misioneros nos mirábamos, comimos y callamos nuestra situación. Años más tarde, compartimos con la hermana el testimonio de cómo fue usada por el Señor ese día, proveyéndonos una comida tan deliciosa y abundante que nos duró dos días.

En ese mismo tiempo, una secretaria del hospital Santa Teresa oyó la voz del Señor, que le indicaba que fuera al mercado y comprara una provisión de alimentos para los misioneros. Era Lolita Magaña, una joven que comenzaba a asistir a los estudios bíblicos. Ella nunca iba al mercado, pero, obedeció al Señor y fue a hacer una compra para nosotros. Venciendo la pena, [19]entró a nuestra casa con la compra, sin saber que en ese momento era el instrumento de Dios para bendecirnos en tiempo de escasez.

---

18   catering- del idioma inglés - servicio de banquetes
19   pena- en Honduras significa vergüenza

¡Un venado, un tiro de paloma ... provisión de Dios!

Un día, unos amigos del pueblo invitaron a Danny para ir a cazar. Se fue muy emocionado y en la tarde llegó a la casa en una camioneta. Todos salimos al oir tanto ruido de bocinas y gritería. Eran los cazadores, quienes traían al frente de la camioneta un venado muerto. Todos gritaban: «Danny lo mató» y así exhibieron por todas las calles, la presa que el «pastor-cazador» puertorriqueño mató. Fue la noticia del día en el pueblo. Con un tiro de paloma y una escopeta vieja, Danny hizo el disparo de la bendición. Estuvimos comiendo venado por dos semanas, lo cocinamos en bistéc y guisado, sabía delicioso. Tal parece que Dios tiene ángeles cazadores!!! Y los mandó a ayudar a Danny. Dios nos proveyó alimentos hasta que llegó la ofrenda de Puerto Rico.

Sin leche y sin dinero ...

En la mañana del 5 de abril de 1978, salimos de la clínica con nuestro bello retoño, Daniel Isaías. Estábamos muy felices con nuestro precioso varoncito. Pero, en un segundo, nuestra alegría se transformó en tristeza e incertidumbre, teníamos unos lempiras para tomar un taxi y al bajar los escalones de la clínica se nos cayó la latita de leche al suelo. Rápidamente, Danny recogió la lata y para mi sorpresa quedaba un poquito de leche. La cucharita de medir había rodado por el suelo y él en la desesperación la recogió y la echó dentro de la lata. «Danny, acabas de contaminar la leche», le dije casi llorando. Mi corazón se apretó, pues no podía amamantar a mi bebé.

Nos montamos en el taxi y muy tristes nos fuimos a la casa, Danny me dijo: «no te preocupes, yo voy a conseguir que alguien me fíe la leche». Le pedí a Dios que el niño no llorara de hambre. Estaba muy dormido, cuando llegó mi buena amiga doña Nena Yuja. Vio al niño y hablamos por largo rato, me dijo que no había comprado un regalo, porque ella y su esposo nos querían dar 100 lempiras (US $50.00), para que compráramos algo para el niño. Cuando me dio el dinero, comencé a llorar.

Llamé a Danny y le mostré el dinero, sabiendo que era la respuesta de Dios en ese momento para comprarle la leche a Danielito. Le dimos gracias a Dios y compartimos con doña Nena, que Dios la estaba usando en ese momento para bendecirnos, pues no teníamos dinero para comprar la leche. Durante más de un mes fueron llegando ofrendas y regalitos, así Dios suplió lo necesario para nuestro hijo.

Dios contestó mi oración …

Un día, el médico me dijo había que circuncidar a Danielito inmediatamente antes de cumplir el mes. No tenía dinero y estaba sola, ya que Danny estaba en la capital tomando un curso para la radio. Lo llamé y le expliqué lo que me dijo el doctor, éste me dijo que no teníamos mucho dinero. Le recordé que su mami le había enviado un dinerito, entonces me dijo que me fuera con el bebé a Tegucigalpa. Conseguí que alguien me llevara al día siguiente a Tegucigalpa.

Esa noche me postré en el suelo y le pedí a Dios que le devolviera a mi esposo todo el dinero que gastáramos en la operación. Al otro día en la mañana, Daniel fue operado y en la tarde nos regresamos a Comayagua. Gastamos un total de 100 Lempiras (US $50.00).

Al llegar a la casa, una de las misioneras le entregó a Danny un sobre con un billete de 100 Lempiras, no había una nota, ni dejaron un mensaje. Teníamos solamente el nombre de la persona que lo dejaba. Danny empezó a preguntarse para qué era ese dinero y quería llamar a la persona. Yo le dije que yo sabía para qué era, que no gastara la llamada de larga distancia, pues yo había orado la noche anterior al Señor para que le devolviera todo el dinero que gastáramos. No lo pude convencer y llamó a la hermana Raquel Reyes de San Pedro Sula.

Ella compartió con Danny el siguiente testimonio, el día anterior en la mañana oyó la voz de Dios que le dijo en dos ocasiones: «llévale una ofrenda a mi siervo Daniel en Comayagua». Ella hizo caso omiso y siguió haciendo lo que había dispuesto para el resto del día. Fue a visitar la «abuelita», una sierva de Dios ungida y consagrada de la Iglesia Reformada Central de San Pedro Sula. Allí,

Dios le confirmó a la hermana Raquel que le diera una ofrenda a Danny. Cuando viajó a Tegucigalpa, paró en Comayagua y le dejó la ofrenda. De esta manera, Danny confirmó que Dios había provisto una vez más para nuestras necesidades.

¡Un pollo y 22 personas!

Una tarde antes de hacer la cena, llegó una familia refugiada, la cual venía desde Nicaragua, huyendo del conflicto entre los Contra y los Sandinistas. Yo tenía un pollo y al contar los que iban a comer esa tarde incluyendo mi familia éramos 22 en total. Decidí hacer arroz con pollo, corté el pollo en pedacitos de una pulgada y disfrutamos de una cena abundante y deliciosa.

Las Primicias para el Señor ...

No podemos olvidar a la hermana Coca, como cariñosamente le decíamos a la hermana Socorro Quan, era una fiel cristiana descendiente de una familia china, de Comayagua. La hermana mandaba a la iglesia todas las primicias de su finca: mangos, aguacates y otros productos. También llegaban las primicias de la milpa[20] del hermano Ismael Reyes, quien traía los sacos de elotes[21]. Nos maravillaba el tamaño y calidad de los productos alimenticios que estos hermanos traían a la casa del Señor. Dios bendecía el trabajo de sus manos.

---

20   finca sembrada de maíz
21   mazorca de maíz

Horchata para la ofrenda ...

Por muchos años la hermana Coca hizo la mejor horchata[22] del mercado de Comayagua. Mensualmente la hermana traía a la casa del Señor la ofrenda de la horchata. Era como la vasija de aceite de la viuda, cada mes la venta de la horchata producía más dinero. Con esa ofrenda se cubrieron muchas necesidades de la obra y se ayudó a muchos hermanos necesitados de la congregación.

Tres aguacates

Estaba Danny un poco preocupado porque, con la situación económica en los Estados Unidos, muchos hermanos han tenido que cancelar su colaboración mensual para el ministerio de Cántaros de Bendición. Una tarde recibió la llamada del hermano Robert Lloyd, quien por muchos años ha sido un fiel colaborador con el ministerio. Al terminar el saludo, Robert le dijo a Danny: «quiero pasar a dejarte tres aguacates». Llegó a la casa con los tres aguacates más hermosos de Florida, envueltos con el amor de Dios que caracteriza a Robert y a su esposa Ann. Mientras platicaban, le dijo: «Danny, además de estos aguacates te he traído esta ofrenda para el ministerio». Una vez más, la provisión de Dios llegó a las manos de su siervo.

---

22   bebida dulce, hecha de arroz y especias molidas

Ofrendas de amor

Son muchas las personas que en Puerto Rico, Honduras, los Estados Unidos y otros países, se han acercado a Danny con una ofrenda monetaria. Con el amor de Dios reflejado en sus rostros le han dicho: «Hermano Danny, Dios puso en mi corazón que le diera esta ofrenda».

Capítulo 10 – Ensancha el sitio de tu Cabaña

Esta frase es muy usada entre el pueblo de Dios, para hablar de extender la labor evangelista. En el otoño de 1983, Dios le dijo a Danny que debíamos salir de Honduras y mudarnos al estado de Florida, USA. Vino a su mente aquella profecía que le fue dada hacía muchos años en Puerto Rico: «Danny irás por muchos estados». A veces es muy difícil entender el tiempo de Dios para que realicemos su labor, habían pasado muchos años y no se habían abierto puertas para ir por muchos «estados». He visto en Danny un siervo que espera el tiempo de Dios para moverse, reconoce la voz de Dios y le cree a Dios.

Para ese tiempo, la obra en Honduras estaba establecida y dando frutos hermosos, sin embargo, Danny no le preguntó a Dios: «¿Por qué nos sacas ahora de Honduras?» Como siervo obediente, comenzó a disponer todo para el viaje con la familia y la misión. Tenía un hermoso grupo de obreros hondureños, dispuestos a dar el todo por el todo para continuar la labor de Avance Misionero en Honduras. Organizó toda la labor, ubicando a los obreros en sus respectivos ministerios, en la escuela, el instituto bíblico y las iglesias establecidas.

Entre abrazos y lágrimas nos despedimos de nuestros amados hermanos hondureños. Salimos el 9 de enero de 1984, hacia el estado de la Florida, a ensanchar el sitio de nuestra cabaña.

Fuimos recibidos por mi hermana Lucy, su esposo Julio y mi tía Carmen Belén. La tía amorosamente nos hospedó por dos meses, por lo que le estaremos siempre agradecidos. El 26 de marzo nos mudamos a una hermosa casita en Pompano Beach. Pudimos comprarla, gracias una vez más a la bondad de doña Nena y don Carlos Yuja, quienes nos prestaron dinero para dar la prima[23] .

Esos primeros meses fueron muy difíciles. Tuvimos que practicar el inglés que habíamos aprendido en Puerto Rico. No fue fácil hacer amigos y buscar trabajo. La fidelidad de Dios fue demostrada una vez más, nos proveyó trabajos y los niños comenzaron a aprender inglés. El primer trabajo de medio tiempo de Danny fue limpiar servicios sanitarios de una compañía Esto no hizo que Danny se sintiera mal haciendo un trabajo humilde para sostener su familia. Daba gusto verlo llegar a la casa contento con dinero para los gastos. Más tarde, consiguió un trabajo en la ferretería *Scotty*, donde poco a poco fue aprendiendo el vocabulario

---

23   prima – depósito o pago inicial al hacer una compra

de una ferretería. Mike, su supervisor, lo ayudaba con el idioma al no entender a los clientes y Danny agradecido le compartía todos los días parte de su almuerzo.

Era un cambio grande para un pastor, después de estar predicando en un púlpito rodeado del amor de sus ovejas, llegar a otro país a trabajar limpiando baños, cargando materiales de construcción, no era una tarea fácil.

Danny era pastor, no obrero de una compañía. ¿Se habría equivocado Dios? De ninguna manera, el Señor tenía listo su Plan para Danny en este país. Trabajando para sostener su familia, aprendió a comunicarse con los americanos, esto era necesario para ejercer su ministerio en los E.E.U.U. en el futuro.

En 1986 cerraron la Ferretería *Scotty* y Danny se quedó sin trabajo. Yo estaba trabajando en la tienda de manualidades *Worden's World of Crafts* en Pompano Beach. Mi compañera Priscila le dijo al gerente Steve Worden: «no tienes un trabajito por ahí, el esposo de Frances no tiene trabajo y tienen cuatro niños que alimentar». Steve me preguntó: «¿Qué sabe hacer tu esposo?» Y yo contesté: «predicar, bueno … y en la casa hace de todo». Al día siguiente, el Sr. Worden entrevistó a Danny y le dio trabajo. En la tienda hacía de todo y en su cajita de herramientas siempre tenía su Biblia para leerla en el almuerzo.

Steve, el gerente, como buen cristiano, invitó a sus empleados a un rato de oración todos lunes a las siete de la mañana y le pidió a Danny que compartiera algo de la

Palabra … en inglés! Y que presentara las peticiones de los empleados. De esta manera, Danny hablando un poquito de inglés, comenzó su ministerio en un saloncito de una tienda de manualidades en el estado de la Florida.

Meses más tarde, la familia Worden se interesó en la labor de este misionero, quien apenas sabía inglés y no dejaba de hablar de Dios y del campo misionero. Se planeó el primer viaje a Honduras y se recaudaron fondos para ayudar a los pastores que Danny tenía en Honduras.

Trabajando con Juventud para Cristo

Por medio del Señor Truman Worden, Danny conoció a Rick Englert, quien trabajaba con la organización Juventud para Cristo. Así, se envolvió con esta organización y comenzó a llevar grupos de voluntarios a Honduras. Con estos grupos se hicieron un orfanatorio, varias iglesias y un salón anexo en la escuela Eben-Ezer. Con esta organización tuvo la oportunidad de visitar Inglaterra, Kenya y Brazil. Además, como director de evangelismo, estableció el ministerio de Juventud para Cristo en Honduras.

Un Nuevo Ministerio:
Cántaros de Bendición

A los pocos años, decidió fundar su propio ministerio en la Florida, al que llamó Cántaros de Bendición. La misión del ministerio ha sido evangelizar, restaurar, edificar vidas y ayudar a los necesitados aquí y en otros países. Cuenta con una Junta Administrativa y muchos colaboradores. Las puertas se fueron abriendo para predicar en iglesias, retiros de jóvenes, matrimonios y conferencias en Florida, varios estados y países hispanos.

Para este tiempo, Danny comenzó a predicar y enseñar la Palabra en inglés y español. Recuerdo que su primera predicación en inglés fue en Winchester, Virginia. Su predicación fue muy corta, apenas diez minutos, estaba temblando y no de frío. Al terminar el servicio, Danny vio que los hermanos comenzaron a quitar los bancos de la iglesia y le dijo al pastor: «disculpe, no quise destruir su iglesia», entre las risas de los presentes, se enteró de que iban a renovar la iglesia.

En otra ocasión fuimos a Carolina del Norte y, con su humor característico, le dijo a la congregación: «les traje pega para que peguen los pedacitos de mi inglés» y el líquido corrector para que borren cualquier palabra mal dicha. Así, consiguió la atención de la congregación y predicó unos 15 minutos. Poco a poco fue adquiriendo más vocabulario y soltura con el idioma. Ya ha perdido el miedo al idioma y Dios lo usa predicando, orando y testificando en inglés.

Un púlpito para 13 millones de oyentes

Parece increíble pero, semanalmente, Danny enseña la Palabra a trece millones de radioyentes en el Caribe, Centro y Sur América, gracias al ministerio de la emisora

Voz Cristiana con sede en Miami. Esta emisora le ha dado a Danny la oportunidad de predicar por medio de un programa radial gratuito por espacio de once años. Sus mensajes han llegado a más de veinte países, el programa tiene la meta de animar y estimular a los pastores y líderes de las iglesias.

Muchos pastores han escrito y testificado sobre cómo han sido restaurados y animados por medio de las enseñanzas del programa. Algunos de estos pastores extendieron invitaciones a Danny para ir a sus países. Por este medio, el Ministerio Cántaros de Bendición hizo contacto con ellos y ha realizado retiros para pastores y sus esposas en Honduras, Bolivia, Ecuador, Nicaragua, Paraguay, Argentina y Chile.

Colaboradores en el ministerio

Danny tiene un colaborador en el ministerio, de acuerdo al corazón de Dios. Me refiero al Reverendo Carlos Armenteros, pastor de la Iglesia Bautista Manantial de Vida de Miami. Quien ha sido una gran bendición para la vida y ministerio de Danny. Es como un Josué para Moisés, el cual por muchos años ha respaldado el ministerio y participado enseñando con Danny la Palabra en la radio, iglesias y retiros. Junto a su esposa Elizabeth, ha ministrado en conferencias matrimoniales del Ministerio de Cántaros de Bendición en diferentes países. Ambos han sido instrumentos de Dios para Su Gloria y su congregación ha sostenido este ministerio con oración, ayuda financiera, donaciones y grupos de voluntarios por muchos años.

El respaldo al ministerio de varias iglesias y pastores ha sido primordial en la labor de animar y estimular a los pastores en tantos países. La Iglesia Comunidades de Formación Cristiana en Miami y su pastor Reverendo Héctor Maradiaga han sido fieles colaboradores desde el comienzo de este ministerio. Su apoyo, oraciones, donaciones y voluntarios han sido de gran bendición.

También la Iglesia *Soncoast* de Boca Ratón ha brindado su apoyo económico y espiritual. Ayudaron a realizar varios proyectos en Honduras con sus ofrendas y voluntarios de la congregación.

Nuestro pastor, el Reverendo Jim Letizia y la Iglesia *New Covenant* de Pompano Beach, han bendecido el ministerio de Cántaros con su oración, apoyo financiero y, en varias ocasiones, el pastor Jim nos ha acompañado a Honduras, donde ha compartido la Palabra en los retiros de pastores.

La Iglesia *First Baptist* de Pompano Beach y su pastor han sido un pilar en el ministerio de Cántaros de Bendición, con su aporte financiero y espiritual. En una ocasión nos acompañaron cien miembros de esta congregación a Honduras. Fue muy impactante ver cómo, por un año, estos hermanos estuvieron aprendiendo a hablar y cantar en español y las hermanas cosieron vestidos para las niñas de un orfanatorio. Esta iglesia, en varias ocasiones, ha enviado ropa y materiales escolares para bendecir la obra en Honduras.

No quiero pasar por alto el hermoso grupo de amigos y hermanos de otras denominaciones que han apoyado el ministerio con su oración y respaldo económico. También contamos con la gran bendición de tener el respaldo de nuestros hijos que aman el ministerio y han colaborado con sus ofrendas para el Ministerio de Cántaros de Bendición.

Capítulo 11 – Dejando huellas

La definición de la palabra huella es una impresión profunda y duradera. Son muchas las vidas en las que Danny ha dejado una huella. Una de esas vidas fue el pastor Sammy Johnson[24], el cual escribió una canción para Danny titulada: «Las marcas de un amigo». (Vease Apéndice 1)

Dejando huellas ...

«Quiero compartir mi testimonio personal y quiero empezar dándole gracias a Dios por haberme escogido y tenerme por digno del ministerio, en el cual actualmente estoy como pastor. A la edad de diecisiete años tuve un encuentro personal con Jesucristo, el Señor cambió mi vida por completo. Era un joven sin esperanza, sin futuro, lo que más embargaba mi corazón era la amargura y la tristeza, pues eso me sucedía por las cosas que viví de niño

---

24 El Pastor de Jóvenes Sammy Johnson ministró con su
música en un viaje misionero

con mi familia. Pero, una vez que vine a Jesús todo ese panorama sombrío empezó a cambiar y la forma en que Dios me empezó a cambiar fue utilizando a sus siervos y entre ellos está el hermano Daniel Morales.

Es increíble ver cómo Dios tiene detalles como éstos, el de traer a un hombre desde lejos para ser un instrumento y precursor para cambiar mi vida. El amor y el cariño que fue expresado a través del hermano Daniel fue único. Mi primera experiencia emocionante fue cuando me entrevistó en una finca de café en La Paz[25] y me preguntó ¿qué quería hacer yo? Y le respondí: «¡Quiero ser un pastor!» Nos pusimos de acuerdo para que yo ingresara al Instituto Bíblico que los misioneros de Puerto Rico fundaron.

Mi segunda experiencia fue cuando por primera vez en mi vida, al cumplir mis dieciocho años me cantaron «Feliz Cumpleaños» y me partieron un queque[26] en la casa misionera, dirigida por el hermano Daniel. Esta celebración fue de gran valor para mí, pues se me expresó cariño, aceptación y amor en ese momento. Eso elevó grandemente mi autoestima y en ese momento me sentí tan feliz e importante que no pude evitar llorar.

¿Cómo no estar agradecido con el Señor por usar a su siervo y ponerlo en mi camino para que me orientara, me impulsara y guiara hacia lo que estaba dentro del Plan de Dios? Mi vida fue un proceso que estuvo marcado

---

25   Ciudad en el centro de Honduras
26   queque- pastel, bizcocho de cumpleaños

por la guía y consejo del hermano Daniel Morales. Estoy agradecido con el Señor y el hermano Daniel por haberme apoyado y ayudado y me da mucho gusto poder compartirlo hoy y que él se dé cuenta de cuánto Dios lo ha usado. Cuántos Danieles tendrá Dios en este mundo y tal vez son difíciles de encontrar, pero Dios me puso uno en mi camino. Por eso le pido a Dios que bendiga su vida, para que continúe siendo un instrumento en las manos del Señor cada día y que nosotros podamos imitar su fe y su entrega al Señor. Por último quiero dar gracias al Señor por tener en el hermano Daniel un padre, un pastor y un amigo».

Reverendo Nehemías Chavarría -Pastor Iglesia Col. López Arellano
San Pedro Sula-Honduras

Dejando huellas

«En el mes de noviembre del año 1973, conocí al hermano Daniel Morales en la iglesia Avance Misionero en Honduras. Sus predicaciones, enseñanzas y oraciones me han ayudado mucho en mi vida espiritual. Su fidelidad, amor y su abnegado servicio a Cristo, así como su entrega al servicio de los demás, es algo que aprecio mucho, porque atravéz de muchos años, he visto como el hermano Daniel comparte lo poco que consigue para él con los necesitados. Su buen testimonio en su vida cristiana, como su integridad en el ministerio, su humildad y otros atributos tanto morales y espirituales en su vida, son algo que en alguna medida ha moldeado mi vida y así, de esta manera, ha sido bendecida por el hermano Daniel Morales.

Su buen ejemplo, su amor y sus consejos sabios y oportunos, así como sus oraciones, me han estimulado para yo perseverar en Cristo y poder servir a Dios durante mi vida sin interrupción.

Cuando mi hija Ana Raquel enfermó con cáncer, el hermano Daniel viajó desde Pompano Beach, Florida (USA), luego vino por segunda vez con su esposa Frances cuando Ana Raquel falleció, para acompañarnos en nuestro dolor ante la partida de nuestra hija. En momentos difíciles, como estos y en otras circunstancias, he recibido de parte del hermano Daniel su comprensión y apoyo, por lo que mi familia y yo le estaremos eternamente agradecidos.

Además, él ha sido como un padre para mí, llenando el vacío paternal que había en mi vida, ya que mi padre murió cuando yo tenía cinco años. Que Dios bendiga siempre al hermano Daniel y que lo siga usando para Su Gloria y Su honra y para bendición del pueblo de Dios y demás personas».

Pastor Orlando Sierra
Comayagua, Honduras

Dejando huellas

«Doy gracias a Dios por sus planes que son perfectos y cuando se propone algo con una vida lo logra, puedo decir que Él me buscó y que tenía planes para mí. También le doy gracias por las vidas que puso en mi camino para lograr esos planes. Vine a los pies de Cristo a través de mi madre, ya que ella me llevó a una campaña donde recibí a Cristo como mi Salvador. No tuve una buena niñez, pues recibí muchas heridas emocionales, pero gracias al Señor la salud llegó y sanó mis heridas. Dios usó a muchas personas para sanar esas heridas y de manera muy especial al hermano Daniel Morales.

En mi adolescencia, Dios me dio la oportunidad de vivir muchos años en Comayagua, Honduras, compartiendo con un grupo de misioneros puertorriqueños. Entre ellos estaba el hermano Daniel Morales. Dios usó a cada uno de ellos en mi proceso de sanidad, la verdad es que debido a las heridas que sufrí en mi niñez yo vine a Cristo llena de resentimiento, complejos, inseguridad y muchas cosas más.

Por otra parte, crecí sin un padre terrenal cerca, esto me afectó mucho, es en esa área de mi vida donde Dios usó al hermano Daniel Morales, para suplirme de ese padre terrenal. Me adoptó como hija y aprendí a verlo como si fuera mi padre. Me aconsejaba, enseñaba y estaba muy pendiente de mis necesidades.

También Dios lo usó para darme cuenta de lo herida y resentida que yo estaba con muchas personas y a través de su consejería, pude perdonar y ser libre de sentimientos que sólo me causaban más dolor.

Además, como mi pastor fue de mucha inspiración para mi vida Cristiana, yo aprendí a amar y a servir a Dios, también aprendí a vivir por fe, sin darme cuenta que Dios me estaba preparando para un día convertirme en una misionera.

Alabo y bendigo a Dios por la vida del hermano Daniel Morales, ya que su vida, su ministerio y su ejemplo han dejado huella en mi vida hasta el día de hoy y nunca voy a olvidar lo que de él aprendí durante todos aquellos años en la casa misionera. Hoy soy misionera en Jinotega, Nicaragua, junto a mi esposo Reverendo Serafín Pagán. Y testifico que el hermano Daniel sigue siendo de bendición a mi vida y mi ministerio.

Hermano Daniel, ¡Gracias por ser ese instrumento de Dios! ¡Que Dios lo bendiga y lo siga usando!»
Reina Pagán
Misionera en Nicaragua

Dejando huellas …

«Nací en una familia desintegrada y me crié únicamente con mi madre. Cuando conocí al Señor Jesús y lo recibí como mi único y suficiente Salvador, vinieron con ello una serie de bendiciones. Una de las mayores bendiciones que esta nueva vida me trajo fue a través del hermano Daniel Morales, quien fue el instrumento que Dios usó para llenar la necesidad que yo tenía de un padre. El ha sido mi padre espiritual y como un padre terrenal.

Doy gracias al Señor por esto, pues en los momentos de mi vida durante la juventud que más necesité de un consejo, de una dirección y hasta de un regaño, fue el hermano Daniel quien me los dio y Dios, a través de su vida, suplió esa gran necesidad. Aprendí a relacionarme con el Señor como mi Padre al estar bajo la cobertura del hermano Daniel.

En mi vida adulta he sufrido «huracanes espirituales», de los cuales creí que no salía con vida, aún mi matrimonio estuvo a punto de ser destruído, pero gracias al Señor por la familia Morales, obtuvimos la victoria. A veces pienso que no sé qué sería de mi vida sin tener el amor, misericordia y ayuda del hermano Daniel y su linda familia. En mi apreciación personal veo al hermano Daniel como un ángel que el Señor puso en mi camino. Siempre que me acuerdo de él, doy gracias a Dios por su vida, por su ministerio, su amor y compasión por los necesitados. ¡Su vida es un digno ejemplo a imitar!

Bendigo el día en que sus siervos decidieron abandonar su querida isla de Puerto Rico para venir a nuestro pais Honduras a evangelizarnos. Casi toda mi familia ha conocido al Señor a través de esa hermosa obediencia.

¡El Señor le dará su corona en su reino! Porque nosotros nunca podremos pagarle aquí en la tierra …»

Fanny Maribel Suazo
Esposa del pastor Nehemías Chavarría, Honduras

Dejando huellas …

«Danny ha sido el principal vaso que Dios ha usado para llevarme a Su Verdad; usando siempre su Palabra y con mucha paciencia pudo ayudarme a superar la barrera de la incredulidad.

Quizás una de las cosas que más atrajo mi atención, porque yo no quería saber nada de los evangélicos, fue su entrega al servicio de Dios en su plena juventud. Así como su jovialidad, su amorosa manera de ser y su presteza al ser requerido en cualquier circunstancia.

En cierta ocasión, tuve un problema laboral en mi trabajo del cual fui removida y Danny, con su grupo de misioneros, fue un firme pilar que me ayudó a soportar la presión de esta situación que me afectó física, mental y espiritualmente; hasta que al final Dios me dio la victoria y fui reincorporada a mi cargo.

Hace aproximadamente doce años que estoy en una situación que me ha mantenido al borde de que mi matrimonio se desintegre. Danny y su esposa han sido para mí una gran ayuda con sus consejerías y oraciones. Actualmente estoy saliendo de un problema de salud de cáncer de mama, en el cual puedo decir que Danny y su esposa me han respaldado espiritualmente. Me impactó el hecho de que Danny llamó al hospital donde me estaban interviniendo quirúrgicamente en Honduras, para alentarme y animarme. También llamó a varios hermanos de mi país, para pedir sus oraciones y algunos de ellos me fueron a visitar. Me invitó a ir a su casa para tener un cambio de ambiente y para que me recuperara. Me han tratado como alguien más de su familia y he sido ministrada y bendecida en su hogar.

Recientemente, recibí de Danny la impresión de otra huella en mi corazón: él y su esposa fueron a dejarme a un terminal de autobuses en Fort Lauderdale, pues yo tenía que viajar a Atlanta. Danny sacó un billete de veinte dólares de su bolsillo y me los dio diciéndome: «esto es para que coma algo en el camino». Me rehusé, pero él amorosamente insistió bendiciéndome así, una vez más.

Algo que siempre me ha impactado de Danny es el hecho de que permanece fiel a Dios y obedece siempre, pase lo que pase. Su confianza y comunión con el Señor ha sido algo digno de imitar y, a nivel personal, he visto los frutos de esta disposición de él. Recuerdo que hace unos años, sentados en la sala de su casa, Danny dejaba entrever un profundo sentir cuando me comentó que deseaba, desde el punto de vista financiero, tener más para poder ayudar a un mayor número de personas necesitadas. En ese momento me impresionó el gran amor que él tiene hacia el prójimo, Dios comenzó a bregar en mi corazón para ser dadivosa como Danny, el cual ayuda con alimentos, dinero, sillas de ruedas y otras cosas a la gente necesitada».

María de la Paz Ortiz
Miembro de Avance Misionero en Comayagya, Honduras
Comayagua

Dejando huellas

«Conocí a Danny en el año 1991, era el comienzo de mi ministerio como pastor de la Iglesia Bautista Manantial de Vida de Miami. Este siervo ha sido en mi vida ministerial un pastor, un ejemplo de entrega y dedicación a Dios y a su llamado. Es aquel a quien siempre he podido acudir por un consejo de parte de Dios. El que me ha enseñado a perseverar en el llamado de Dios, aún en medio de las situaciones más difíciles de mi ministerio.

En lo personal ha sido un amigo fiel que ha estado junto a mí y mi familia en los momentos buenos y en los momentos más difíciles, ha sido mi hermano mayor que me ha mostrado un amor incondicional.

He visto en Danny una preocupación genuina por los pastores y sus hogares. En las muchas oportunidades en que hemos estado ministrando juntos a pastores, he podido apreciar cómo Danny se ha identificado con las necesidades de los pastores, ha reído con ellos, pero también lo he visto muchas veces llorar con ellos».

Doy gracias a Dios por haber traído a Danny a mi vida, realmente ha sido un instrumento en las manos de Dios para enriquecer mi vida en el aspecto personal, familiar y ministerial.

Reverendo Carlos Armenteros
Pastor Iglesia Bautista Manantial de Vida, Miami, Florida

Dejando huellas

«Un día domingo del mes de junio del 2003 en la tarde, recibí en mi casa la llamada del pastor Danny. Había sido invitado por el ministerio Libro de Vida, para participar en un retiro de pastores con sus esposas en Quito, Ecuador. Luego de intercambiar varias experiencias y mensajes de la palabra, el pastor Danny puso en mi vida la luz de avivamiento. A partir de allí, sentí el llamado del Señor que con el tiempo ha venido fortaleciendo mi vida.

Ese mismo día me invitó a participar en el retiro. Allí estaban un buen número de pastores de las iglesias de la ciudad. Cuando ingresé, me impactó sentir cómo la Palabra del Señor tomaba el control de la vida de los presentes, fue impresionante ver al pastor Danny, quien con su amabilidad, alegría y conocimiento, compartía la unción del Señor de la cual es poseedor. Desde ese momento sentí el llamado del Señor al ministerio, el cual vengo realizando desde hace algunos años, ayudando como voluntario y con mi profesión de médico. En estos momentos me estoy preparando en el estudio de la Palabra, en obediencia y sujeción, esperando el tiempo del Señor para dedicarme por completo al ministerio.

El pastor Danny me comentó que le gustaría venir ayudar a niños especiales con una brigada completa de médicos, cirujanos plásticos y enfermeras. En ese tiempo, yo era director de un hospital público de la ciudad. Esto fue algo que me conmovió y planificamos una próxima visita con una brigada médica. En su siguiente viaje se hicieron las cirugías, las cuales fueron un éxito.

Creo que el Señor utiliza a sus siervos para llevar felicidad a personas que las necesitan. Fue muy lindo ver al pastor Danny ministrándole a las padres de los niños, esto conmovió a todo el personal del área de quirófanos y recuperación. Esto dio inicio a que en el hospital nos identificáramos los hermanos en Cristo de diferentes iglesias, llegando a crear una célula, la cual se mantiene hasta el día de hoy.

La vida del pastor Dany y su esposa la pastora Frances nos ha bendecido con su paciencia, sabiduría, amor, amistad, enseñanzas y consejos, que han manifestado la bondad divina. Lo que me lleva a exclamar: "Señor, cuán maravillosas son tus sendas, así como nos ha mostrado a un verdadero pionero de la obra misionera, un restaurador de vidas y de hogares, que con su ministerio recorre ciudades y campos ofreciendo la Palabra de Dios a los pastores, es ese sencillo héroe de la obra misionera en Latinoamérica y otros países". Ése es el pastor Danny Morales quien encabeza una legión de siervos valientes portadores de un mensaje de salvación y restauración».

Doctor Dolman Guzmán
Quito - Ecuador

Dejando huellas ...

El hermano Daniel Morales es un hombre que escuchó el llamado de Dios para servirle y por largos años ha trabajado sin desmayar.

Queremos agradecerle todo lo que ha hecho por nosotros, por estar a nuestro lado en los momentos más difíciles y sus consejos sabios. Gracias por amarnos y hacernos reír. Por compartir con nosotros momentos muy felices. Es usted un ejemplo para nosotros y en nuestras vidas ha dejado las huellas de un gran amigo.

Le amamos,
Gustavo y Susana Suazo

Dejando huellas ...

«Desde África, quiero agradecerle su amistad, su cariño y su liderazgo, durante los años que convivimos y que me permitieron ver realmente un hombre de Dios. Puede creer que sembró mucho en mí, aunque no pareciera, pero si hoy soy más rico, como hombre, se lo debo en parte a usted.

No fue necesario abrir la Biblia, teorizar inventar teologías; fue simplemente convivir con mi querido Pastor Danny y sentir su corazón, al igual que a su querida esposa. Muchas gracias por la inversión que hizo en mí (además de los panes quesos y jamones en las hambrientas mañanas que compartimos en la estación de radio de CVC) y crea que siempre lo tendré como alguién muy especial, al igual que Valeria, que los quiere mucho.

Cuando quiera comer un buen pescado bajo la luna, venga para acá que nuestra casa los espera».

Le ama en Cristo,
Alvaro Andrade
Cabo Verde, África

Dejando huellas ...

«Una de las bendiciones más grandes de mi vida es el haber conocido al hermano Daniel Morales y a su esposa. El hermano Danny, como le llamamos cariñosamente en Honduras. En sus años como misionero entre nosotros se distinguió por su carisma y su jocosidad, pues siempre estaba de buen humor y sobretodo su fidelidad a Dios. A través de sus enseñanzas he aprendido que el temor a Dios no es negociable y que la llama del amor debe estar encendida en nuestro corazón, para guiar a muchos que caminan a tientas, y así encuentren a Dios.

Jamás olvidaré sus palabras de consuelo y ánimo, cuando me encontré en una gran tribulación en el ministerio de la Escuela Eben-Ezer. La escuela fue "azotada" por un viento recio de parte de Satanás y estuvo a punto de ser clausurada por el gobierno.

El hermano Daniel vino desde los Estados Unidos para brindarnos su apoyo, cuando más lo necesitábamos. Como Directora de la escuela no tengo palabras para agradecerle a este hombre de Dios, todo su amor, apoyo, ayuda y bendiciones que comparte con el personal de la escuela y los niños. Es un gozo para nosotros, cuando recibimos una llamada del hermano Danny diciendo que consiguió algún material, pupitres o equipo para la escuela».

Angela Delfina Sierra
Directora de la Escuela Eben-Ezer, Honduras

Dejando huellas …

«El conocer al hermano Daniel Morales hizo un día muy especial para mí. Su amor, su modo de ser y manera de tratar a la gente quedaron bien grabados en mi mente y mi corazón. Es un hombre de Dios que muestra su amor a Dios y siempre está pendiente a la obra de Avance Misionero en Honduras».

Pastor Víctor Ordoñez Batiz
Comayagua, Honduras

Dejando huellas ...

«Conocí al hermano Danny cuando llevó una brigada médica a Comayagua, y el Doctor Laurence Arnold se compadeció al verme arrastrándome en el piso, ya que, con mis 22 años de edad, nunca había caminado. Mis piernas estaban deformes a causa de unas quemaduras que sufrí cuando era una bebé. El doctor le dijo al hermano: «Danny, hay que llevar a esta muchacha a los Estados Unidos».

El hermano Danny fue usado por Dios para hacer todos los trámites para viajar y me fue a buscar a mi aldea Goteras en las montañas de La Libertad, Honduras. Le dijo a mis padres que se hacía responsable de mí, ellos me mandaron confiando en el varón de Dios. Viajé a Florida, me hospedó en su casa y, la noche anterior a mi operación, me guió a aceptar a Cristo como mi Salvador. Regresé a Honduras, caminando. El hermano Danny buscó ayuda para que yo estudiara en la Escuela Superior y la Universidad. Me ubicó en el precioso hogar del Pastor Nehemías y su esposa Fanny, los cuales me rodearon de amor y me discipularon en los caminos del Señor.

Mi vida cambió totalmente, encontré a mi Salvador, caminé por primera vez y, gracias al hermano Daniel, me graduaré este año de la Universidad. Gracias al hermano Daniel por dejar en mi vida huellas de amor y bendición».

Francisca Galo Suazo
San Pedro Sula, Honduras

Dejando huellas …

«Doy gracias a Dios que me dio un pastor especial, el hermano Daniel Morales. Gracias a su inmenso amor por el Señor y su entrega total al ministerio aprendí mucho. Dejó una huella profunda en mi corazón y mi vida espiritual. Actualmente, estoy pastoreando una hermosa congregación de cien miembros en Comayagua. Es mi oración y anhelo que cada miembro de mi congregación sea formado y discipulado, como lo fui yo con el hermano Daniel».

Clelia Castillo
Pastora Iglesia Lazos de Amistad
Comayagua, Honduras

Dejando huellas …

«Doy gracias a Dios por el hermano Daniel Morales, quien me llevó a los Estados Unidos para que me hicieran una cirugía en la cara. Consiguió una donación para hacerme una casita y lo que más me ha impactado es que en su corazón hay lugar para todos y me adoptó como hija. Siempre busca cómo ayudarme y me demuestra su amor incondicional».

Diana Orellana
Iglesia Avance Misionero
La Paz, Honduras

Capítulo 12 – Gracias Papá

«Papi, gracias por ser el mejor padre, pastor y amigo. Tú me has dado tanto amor y apoyo y le doy gracias al Señor por darme tanto tiempo contigo. Ahora que vivo lejos de tí, me haces mucha falta y sabes que todos los días tengo que llamarte para oir tu voz.

He visto tu fe, amor y compasión que hay en tu corazón por los perdidos y por aquellos que en el cuerpo de Cristo están heridos y quebrantados. Tu pasión por trabajar en la viña me ha impactado. Me has enseñado que vale la pena ser fiel y obedecer al llamado de Dios, cueste lo que cueste. Quiero seguir tus huellas y alcanzar a muchos con la Palabra de Dios, llevando una vida de entrega a Dios, a la familia y al ministerio como tú lo has hecho todos estos años. Tu fe me ha bendecido en los momentos más difíciles de mi vida. Sé que la mano de Dios está sobre tu vida.

Gracias por estar a mi lado por escucharme, por reír y llorar conmigo. Gracias por el triciclo de plástico, el "*Big wheel*", aquel juguete que nunca olvidé. Tú y mami siempre nos dieron lo mejor y sé todos los sacrificios que tuvieron que hacer, para que yo estudiara en una universidad cristiana, gracias Siéntete orgulloso de que yo voy a criar a mis hijos en el Señor, porque tú me enseñaste a amar al Señor. Espero que algún día Victoria y David se entreguen al ministerio que el Señor tiene para ellos, como tú te entregaste a tu ministerio. Gracias por ser un ejemplo tan bello para tus hijos y ahora para tus nietos. Soy una hija muy bendecida y orgullosa de tenerte como padre. Por darme el sabio consejo y tu hombro para apoyarme en los momentos difíciles, gracias. Te amo».

Rebecca

«Gracias, Papi, por amarme como me amas. Por estar a mi lado en los momentos difíciles. No olvido cuando me dijiste que yo era un ángel y yo te dije: "sí, pero no vuelo". Gracias por amar a mis tres nenes como los amas. Ellos se deleitan cuando te dicen "te amo".

Doy gracias a Dios por que eres mi papá, nos has dado un buen ejemplo para que amemos y sirvamos a Dios. Tal vez no lo he expresado mucho, pero quiero que sepas que tienes un lugar muy especial en mi corazón y que te amo mucho».

Frances Beatriz

«Papi, gracias, por aquel carrito de bomberos que cargaste en tu espalda, por todo aquel mercado. Cansado y sudoroso llegaste a la casa tan feliz con mi regalo. Me sorprendiste, papi, en aquel entonces yo quería ser bombero y tu regalo es un recuerdo muy lindo que guardo en mi corazón. Hoy soy policía y con gran orgullo le digo a todos que mi padre es un pastor. Gracias por tus consejos y respaldo. Tengo un gran ejemplo para seguir».

Daniel Isaías

«Gracias, papi, por tu amor. Tu bendición nunca me ha faltado. Sé que cuento contigo aunque estemos lejos. Gracias por guardar los binoculares que te hice con dos tubos de papel higiénico cuando era una niña. Recuerdo que no tenía con qué comprarte un regalo y se me ocurrió hacerte los binoculares. Le diste tanto valor a mi humilde regalito, que nunca olvidaré lo importante que fue mi regalo para tí, sé que lo tienes guardado.

Papi, te admiro, tu fe y amor al ministerio me inspiran. Gracias por tu respaldo, tus buenos consejos y tus palabras de ánimo en momentos difíciles».

Liza Raquel

Carta que Liza le envió a su papi para su cumpleaños, el 25 de enero 2010

Querido Papi,
Feliz Cumpleaños. Te amamos.

«Hoy es tu cumpleaños. Que Dios continúe bendiciéndote siempre. Yo quisiera estar ahí contigo, para compartir este día tan especial, pero como estoy tan lejos he decidido escribirte esta carta y decirte lo que hay en mi corazón.

Papi, cuando pienso en ti, en quién eres y lo que tú representas, no puedo evitar sentir un gran orgullo y admiración por tí. Dios te ha usado en muchas maneras, para alcanzar a mucha gente, porque tienes un hermoso corazón de siervo. Yo estoy muy orgullosa de decir que soy tu hija.

Papi, quiero tomar esta oportunidad para agradecerte todo el trabajo que tú y mami pasaron, los sacrificios que hicieron para criarnos en un hogar feliz. Gracias por negarte a comprarte algo (yo sé que tú y mami lo hicieron), para asegurarse de que tenían suficiente dinero para alimentarnos y vestirnos.

Gracias por enseñarme la importancia de ahorrar dinero y de gastarlo sabiamente. Gracias a tí y a mami por criarnos en un hogar donde Cristo es el centro, con valores y principios fuertes que ahora puedo pasar a mi hija.

Mi querido padre, quiero que sepas que verdaderamente he sido muy bendecida al tenerte en mi vida. Le doy gracias a Dios porque me dio la oportunidad, el honor y privilegio de servirte, cuando estuviste quebrantado de salud.

Gracias por permitirme cuidarte hasta que recuperaste la salud. Esos momentos que compartimos fueron muy especiales para mí. Fue un honor y una bendición que me llenó de gozo, sabiendo que estaba sirviendo a un hombre de Dios, mi Padre».

Capítulo 13 – Y seguirás dejando huellas ...

«Irá andando y llorando el que lleva la preciosa semilla:
mas volverá a venir con regocijo trayendo sus gavillas».
Salmo 126:6

«Danny cumpliste tu llamado a predicar. Tu obediencia a este llamado ha alcanzado cientos de vidas. Durante el caminar, llevando la semilla, has llorado, sufrido y padecido. Hoy ves el fruto de tu obediencia, el cual inspira a muchos a seguir trabajando para el Señor.

Cuarenta años después de que abrazaste tu llamado a predicar, veo tus manos llenas de gavillas. De hermosos frutos para poner a los pies del Maestro que te llamó. Es glorioso saber que este relato no termina aquí.

Creo firmemente que, mientras Dios te tenga en las filas de los hombres de valor de este milenio, seguirás dejando huellas.

Dios ha mostrado Su fidelidad y respaldo al llamado que te hizo para ir y predicar Su evangelio, alrededor del mundo. Es nuestra oración que puedas continuar dejando huellas y bendiciendo a muchos.

Gracias mi amor por bendecirnos.
Te amamos mucho».
Frances, tus hijos y nietos

Apéndice 1

Sps. 3 Julio 1,982

AMADO HERMANO DANY, LE SALUDO
EN EL NOMBRE QUE ES SOBRE TODO
NOMBRE.

PAPAITO LE ESCRIBE SU HIJO
FERNANDO "EL GUERRILLERO" YO
ACEPTE EL 7 DE AGOSTO DEL 71 EN LA
FESITRANH EN UNA PREDICA SUYA,
¿SE ACUERDA?

YO SIEMPRE LE RECUERDO Y
DESEO VERLE UN DIA DE ESTOS, espero
ESTÉ DIOS USANDOLO SIEMPRE, DIOS
HA ENGRANDECIDO SU MISERICORDIA
PARA CONMIGO AL PERMITIRME ESTAR
EN SU MINISTERIO, CON EL ESTOY
CRUCIFICADO Y EL VIVE EN MI.

DESEOLE DICHAS MIL A UD. Y A
FRANCIS EN SU MINISTERIO.
ABRAZOS MIL DE SU HIJO
ESPIRITUAL
FERNANDO ALVARADO
"EL GUERRILLERO"

Apéndice 2

Himno: Gloria de Obedecer

1. He caminado por muchos caminos, montañas
y valles y no puedo ver gloria que sea más grande,
que la gloria de obedecer.
No hay en la tierra mandato más grande,
ni gozo que inunde el alma de Dios.
No existe en los cielos, ni en la tierra,
gloria mayor, que obedecer.
Coro:
Gloria, gloria, no existe gloria igual, no existe para mí.
Gloria, gloria, la gloria de vivir su voluntad.

2. He declarado a todos los vientos,
que soy propiedad de Dios,
Nada ocurre en mi vida sin Él, que lo mandó
Amo y disfruto en todo tiempo el orden de Dios
Su gloria es mi vida, su gloria me domina y yo vivo para
obedecer.

3. Pronto el Hijo, Rey de reyes aparecerá,

A buscar su novia amada que le espera ya.

Es la Iglesia que aquel día a Él se unirá

y juntos por los siglos,

Llenos de regocijo para siempre cantarán.

Pastor y Misionero - Ramón Nieves

Apéndice 3

Marcas de un Amigo

A medida que pasan días de lucha
hay mucho que recordar, oh amigo mío.
Cada paso que tomaste fue en el gran camino.
Un modelo de integridad ha sido tu código de honor.

Siempre tuviste el tiempo para escuchar y aconsejar.
Una palabra de aliento me guió hacia el premio.
Una actitud de agradecimiento, un
corazón para lo verdadero,
un hombre de dignidad inigualable
en todo lo que dices y haces.

Has dado a mi vida más de lo que sabes,
me has impactado y ahora finalmente,
soy más inteligente, más sabio, bondadoso.

Tal vez una broma o dos,

ya ves, tengo la marca de un gran amigo.

Ese amigo eres tú.

Rara vez las relaciones se quedan iguales.

Parece que alguien siempre está en un estado de cambio,

pero si puedes hacer tan sólo un buen amigo en la vida,

eso es suficiente para que siempre dure, Oh amigo mío.

Pastor Sammy Johnson

Fotos

Danny, Judith y Gabriel saliendo para
Honduras 12 de julio de 1970

Danny y Frances Morales

Nuestra familia

Las nietas Sofía, Victoria y Natalia

Escuela Eben - Ezer
Fundada en 1975

Anexo Escuela Eben - Ezer

Danny y Carlos Armenteros grabando en la
radioemisora